TRAITÉ

DE

LA PÊCHE

A LA LIGNE ET AU FILET

DANS LES RIVIÈRES ET DANS LES ÉTANGS

AUGMENTÉ DE LA LOI

ET DE L'ORDONNANCE DU 10 AOUT 1875

PAR

A. RENÉ & C. LIERSEL

PARIS

THÉODORE LEFÈVRE ET Cⁱᵉ, ÉDITEURS

2, RUE DES POITEVINS, 2

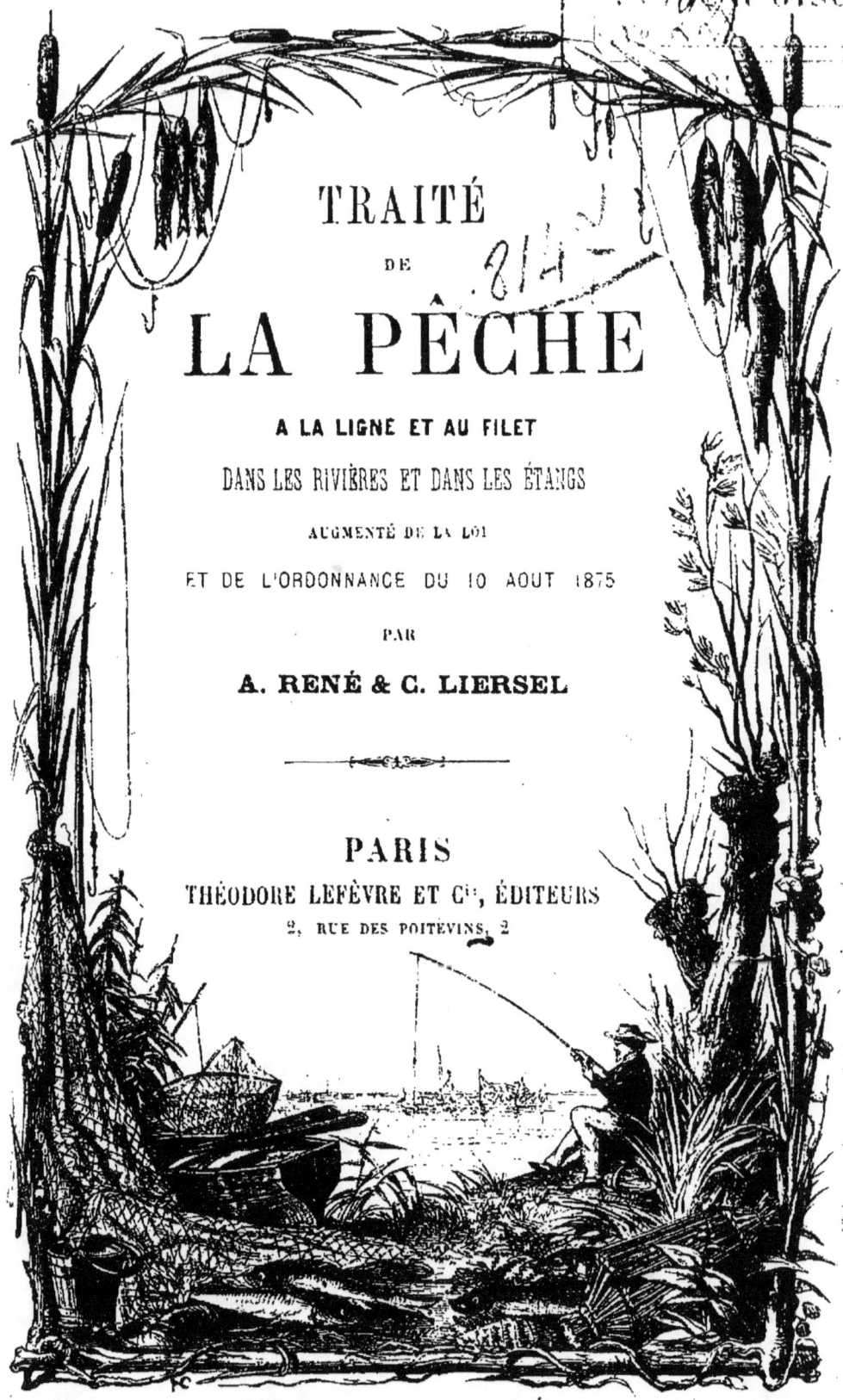

TRAITÉ

DE LA PÊCHE

A LA LIGNE ET AU FILET

CORBEIL. — TYP. ET STÉR. CRÉTÉ.

TRAITÉ

DE

LA PÊCHE

A LA LIGNE ET AU FILET

DANS LES RIVIÈRES ET DANS LES ÉTANGS

CONTENANT

TOUTES LES LOIS, Y COMPRIS L'ORDONNANCE

du 25 août 1875

Par RENÉ & LIERSEL

PARIS

LIBRAIRIE THÉODORE LEFÈVRE ET Cie

2. rue des Poitevins

TRAITÉ
DE LA PÊCHE
A LA LIGNE ET AU FILET

CHAPITRE PREMIER

GÉNÉRALITÉS SUR LES POISSONS. — ÉCLOSION ARTIFICIELLE.
— PÊCHE A LA LIGNE. — USTENSILES DE PÊCHE.

La pêche, l'un des amusements les plus innocents
que l'homme puisse se permettre, présente autant de
charmes que la chasse et n'offre ni ses dangers ni ses
fatigues. Ce plaisir, si peu coûteux et si facile à se
procurer, distrait et console le pauvre, en même temps
qu'il peut charmer les loisirs du riche.

En effet, l'ouvrier, au bout de la semaine de travail, profite du jour du repos ; levé avant l'aube,

il s'est établi sur le bord de la rivière et a jeté sa
ligne ; alors, attentif, l'œil au guet sur sa flotte, il
en épie le plus petit mouvement. Le poisson en
mordillant l'appât lui a imprimé quelques oscillations trompeuses, mais tout d'un coup elle s'enfonce
et disparaît ; le poisson a mordu à l'hameçon : le
pêcheur plein d'émotion relève la canne ; il sent de
la résistance. Son cœur bondit de joie ; c'est sans
doute un gros poisson, mais la ligne va peut-être
se rompre sous ses efforts, alors il saisit l'épuisette ;
aidé par un long manche, il l'enfonce dans l'eau
dessous le poisson, enlève sa proie et aperçoit avec
une joie indicible qu'il a capturé un magnifique barbeau. Il le rapportera en triomphe à sa famille ; accompagné de quelque autre conquête, ce beau poisson
fera les frais d'un splendide repas.

Le froid, la pluie, rien ne l'a détourné de sa poursuite, et son triomphe lui devient d'autant plus précieux qu'il lui a coûté davantage.

Combien d'anciens commerçants retirés des affaires
périraient d'ennui ou du spleen s'ils n'avaient le
plaisir de la pêche ; plaisir facile, qui ne laisse aucun
remords à sa suite, et qui ne demande que de la
pratique, du temps et de la patience.

J'ai connu un ancien directeur de théâtre qui,
retiré dans une charmante campagne à six lieues de
Paris, s'était fait une douce occupation de la pêche et
de l'entretien de ses riches viviers. Il n'avait jamais
été aussi heureux, me disait-il, malgré les succès
lucratifs de sa direction, que depuis qu'il abandonna
ses acteurs, son théâtre et même les suffrages du
public, pour ses poissons.

Avant de chercher à développer les principes et

les règles qui doivent servir de guide au pêcheur, nous jetterons un coup d'œil rapide sur l'organisation générale des poissons; puis nous parlerons de leur reproduction, de l'empoissonnement des étangs et des rivières, et surtout de la nouvelle science dont M. Coste, le savant professeur du Collége de France, a mis en évidence les beaux résultats; enfin nous aborderons la partie pratique de l'art du pêcheur.

Le poisson est un animal vertébré, muni de branchies qui chez lui remplacent les poumons. Comme il ne respire l'air qu'avec l'eau, les lames cartilagineuses des branchies, soudées ensemble à leur origine, séparent de l'air qu'elle renferme. Le poisson ne pourrait vivre dans de l'eau entièrement privée d'air, soit par la machine pneumatique, soit par l'ébullition.

A ce caractère essentiel il faut ajouter que tous les poissons ont le sang froid et sont ovipares.

La colonne vertébrale des poissons est l'arête du milieu ; elle comprend les vertèbres dont le nombre varie beaucoup ; il est par exemple de vingt-huit dans l'esturgeon et de cent quinze dans l'anguille, plus, deux cent sept à l'état de rudiments.

Les poissons ont plusieurs nageoires que l'on distingue par leur position. Les *nageoires pectorales* sont articulées à l'angle supérieur du crâne près des branchies ou organes respiratoires.

Les *anales* se trouvent dans la partie moyenne et inférieure du ventre près de l'anus. Les *dorsales* sont fixées au dos et les *caudales* près de la queue.

La plupart des poissons sont pourvus d'une vessie natatoire. Cette vessie est toujours remplie d'un gaz qui se distend ou se resserre, en sorte que, la pesanteur spécifique de l'animal augmentant ou diminuant, il remonte à sa volonté à la surface de l'eau ou descend dans ses profondeurs.

C'est encore elle qui donne à son dos la légèreté convenable pour rester en haut.

La queue du poisson lui sert de gouvernail : c'est par elle qu'il règle la direction de sa marche. La rapidité et la force de sa natation sont incroyables. Les truites s'élèvent dans les Alpes, en remontant les torrents et les chutes d'eau, jusqu'à 4,000 mètres au-dessus du niveau de la mer. « Le vol de l'aigle, dit un naturaliste, ne peut être comparé à la natation rapide du thon, des dorades, et surtout du saumon, qui franchit quatre toises en une seconde, et environ huit lieues en une heure. Des requins et d'autres squales accompagnent quelquefois les vaisseaux des ports de l'Europe au continent américain ; quelle que soit la rapidité du bâtiment, non-seulement ils le suivent sans peine, mais encore ils se jouent autour de lui et font mille circuits en avant et en arrière. »

Les poissons ont les yeux mobiles et disposés intérieurement à peu de chose près comme ceux des mammifères. Les organes de l'audition sont très-développés, aussi ont-ils l'ouïe très-fine. L'organe de l'odorat existe également chez eux : le plus souvent il est situé au-dessus du museau.

La génération des poissons se fait sans accouplement, à l'exception des raies et des squales (famille des requins) ; la laitance ou laite est la liqueur séminale des mâles. L'ovaire des femelles renferme une quantité innombrable d'œufs ; le nombre le plus ordinaire de ces œufs est de cent à deux cent mille. Une seule morue en contient jusqu'à neuf millions.

La laitance, vue au microscope, se compose de my-
riades de globules ronds. Une seule goutte de cette
laitance répandue dans l'eau, au-dessus de la ponte
de la femelle, suffit pour donner la vie à des milliers
de poissons.

La plupart des poissons sont avides de chair et se
dévorent les uns les autres. Les espèces du genre
cyprin, qui comprend la carpe, la tanche, le barbeau,
la brême, le chevenne, le goujon, l'ablette, etc.,
sont les seules qui se nourrissent habituellement
des herbes et des graines qui se trouvent dans les
eaux.

Éclosion artificielle des Poissons.

Dans un mémoire relatif à la pisciculture, M. Coste,
le regretté membre de l'Institut et professeur au
Collége de France, indique comment s'opère la fécondation artificielle.

« Après avoir choisi un vase de terre, de faïence,
de bois ou même de fer-blanc, dont le fond soit plat
et aussi évasé que l'ouverture, afin que les œufs puissent s'y étendre sur une certaine surface et ne s'y
accumulent pas en un bloc difficile à pénétrer, on
verse dans ce vase, préalablement nettoyé, un ou
deux litres d'eau bien claire ; puis on saisit une femelle que l'on tient par la tête et le thorax avec la
main gauche, pendant que la main droite, le pouce
appuyé sur la face ventrale de l'animal, et les autres
doigts sur la région dorsale, glisse comme un anneau
d'avant en arrière, et refoule doucement les œufs
vers l'ouverture qui doit leur livrer passage. Si ces
œufs sont mûrs et déjà dégagés des capsules de l'o-

vaire, la plus légère pression suffit pour les expulser,
et l'abdomen se vide sans que la femelle délivrée en
éprouve aucun dommage, car, l'année suivante, elle
devient aussi féconde que celles dont la ponte s'est naturellement accomplie. Si, au contraire, pour amener
ces œufs au dehors, on est obligé d'agir avec une certaine violence, on peut être assuré que l'opération est
prématurée. Il faut renoncer alors et tant que dure
cette résistance, à des tentatives inopportunes, remettre la femelle dans le vivier et attendre que le travail de maturation soit arrivé à son terme.

« On se hâte alors de renouveler l'eau du récipient,
afin de la purger des mucosités que le frottement de
la peau des femelles a pu y mêler, et l'on prend aussitôt un mâle dont on exprime la laitance par un procédé semblable à celui qui a permis d'obtenir des
œufs. Si cette laitance est à l'état de parfaite maturité,
elle coule abondante, blanche et épaisse comme de la
crême ; et dès qu'il en est ainsi tombé assez pour que
le mélange prenne l'apparence du petit lait, on juge
que la saturation est suffisante. Mais pour que les
molécules fécondantes se répandent partout d'une
manière uniforme, il faut avoir la précaution d'agiter
ce mélange et de remuer doucement les œufs avec
les fines barbes d'un pinceau ou avec la main, afin
qu'il n'y ait pas un seul point de leur surface qui ne
se trouve en contact avec les éléments qui doivent les
pénétrer ; puis, après un repos de deux ou trois minutes, on dépose ces œufs vivifiés dans les ruisseaux
à éclosion.

« C'est sur des claies ou des corbeilles plates en
osier que, dans nos ruisseaux à éclosion, nous pla-
çons les œufs fécondés. Les fines mailles de leurs pa-

rois forment un crible à travers lequel passent les détritus contenus dans le liquide à la surface duquel ces
claies ou ces corbeilles sont immergées. La position
superficielle qu'on leur donne rend l'observation si
commode que rien n'échappe à la surveillance d'un
gardien un peu attentif.

« De là, par des moyens aussi simples qu'ingé-
nieux, les jeunes poissons, entraînés dans des viviers,
sont convertis en alevin. Des coffres en bois garnis
d'une porte ou ventille à coulisse, servent naturellement de retraite aux jeunes poissons ; il ne s'agit que
de les y renfermer lorsque le moment sera venu d'ex-
pédier un certain nombre de ces coffres dans les diverses parties de la France où il y a des eaux à repeu-
pler. »

C'est par centaines de mille et même par millions
de fécondations que MM. Berthot et Detrem procèdent
à ce repeuplement dans leur établissement modèle situé près d'Huningue.

Dernièrement, cinquante mille jeunes saumons
sortis du laboratoire du Collége de France sont allés
vivifier la rivière artificielle du bois de Boulogne.

Pêche à la ligne.

PRINCIPES ET USAGES RELATIFS A CETTE PÊCHE.

Quand vous avez arrêté un endroit convenable pour
votre pêche, faites tous vos préparatifs sans bruit :
marchez d'un pas léger et, si vous êtes accompagné
de quelqu'un, n'élevez point la voix en lui parlant ou
plutôt évitez de parler. Le pêcheur solitaire réussira
toujours mieux que celui qui est en compagnie, car

le poisson est craintif et défiant ; épouvantés au moindre bruit, gros et petits poissons se cachent et ne mordent plus à l'hameçon.

Si vous ne connaissez pas la profondeur de l'eau à l'endroit où vous vous proposez de pêcher, commencez par vous en rendre compte au moyen de la sonde, puis, jetez à l'eau votre hameçon de fond, en vous éloignant autant que possible du bord.

Évitez d'aller à la pêche lorsque le vent souffle fortement du nord ou de l'ouest. Le soir en hiver les poissons ne mordent plus à l'appât ; il en est de même durant une forte pluie, ils cessent même de mordre quelques heures avant que l'orage éclate. Il ne faut consacrer à la pêche que le milieu de la journée pendant cette saison ; faites le contraire en été.

Si l'eau dans laquelle vous pêchez est profonde et rapide, mettez plusieurs plombs à votre ligne et fixez-y une flotte de liége, veillez à ce que la partie de la ligne qui se trouve entre le scion et la flotte, ne trempe pas dans l'eau et tenez le bout du scion constamment au-dessus de la flotte qui, sur une rivière, marche avec le courant, afin d'être toujours prêt à piquer à l'instant où le poisson a mordu.

Feu M. Kretz aîné, l'un des meilleurs professeurs de la pêche à la ligne, recommande de pêcher dans un endroit abrité lorsque la bise souffle, car en général les poissons n'aiment pas le froid ; il conseille aussi, lorsque vous pêchez pendant que le soleil luit, de se placer de manière à ce que votre ombre ne se dessine point sur l'eau, sous peine de n'avoir que peu de succès. Il veut également que l'on pêche au milieu de la rivière et dans son courant lorsque l'eau est basse et claire, mais lorsque les eaux sont hautes il préfère les tournants et le voisinage des bords.

Lorsqu'on voit le poisson s'élancer hors de l'eau
pour saisir les cousins et autres mouches qui
volent à sa surface, on peut être certain que la pêche sera bonne, surtout à la suite d'une pluie douce
et chaude. Il est avantageux alors de pêcher à la mouche.

Évitez de pêcher avec une grosse flotte dans les
eax limpides et transparentes, car elle effraierait le
poisson. On réussit mieux lorsqu'une forte pluie a
troublé l'eau.

Tous les pêcheurs s'accordent à reconnaître qu'il
est plus facile de piquer et d'accrocher un gros poisson que de l'amener à terre. Pour que la ligne ne se
rompe pas sous les brusques mouvements qu'il fait
pour s'échapper, déroulez la ligne, mais laissez-lui
toujours un léger degré de tension, car si vous la
laissez pendre mollement il est presque certain que le
poisson se dégagera en frottant son museau contre le
fond. D'un autre côté, ne l'arrêtez point brusquement, car il casserait indubitablement votre ligne ;
donnez-lui de la ligne si ses efforts deviennent trop
violents, fatiguez-le en le tirant doucement à droite
et à gauche, mais surtout efforcez-vous de l'amener
à portée de votre épuisette.

Lorsque quelque gros poisson que vous aurez accroché sera parvenu à s'échapper, changez de place,
car la violence de ses efforts et sa fuite ont répandu
l'alarme autour de lui et aucun autre poisson ne
mordra, à moins, cependant, que vous n'ayez la patience d'attendre quelque temps et que vous ne je-
tiez doucement dans l'eau force amorce.

Il faut savoir choisir les endroits de pêche suivant

1.

les poissons qu'on veut prendre ; ne cherchez pas les anguilles, carpes ou tanches sur un fond de sable, car ces poissons affectionnent les fonds vaseux ; tandis que sur le fond de sable vous pêcherez perches, goujons, barbillons, etc. C'est ce qui montre que pour être bon pêcheur il faut étudier les mœurs et les habitudes des poissons.

Plus loin, en parlant des différentes sortes de poissons qui habitent les rivières et les étangs de la France, nous parlerons de leurs habitudes et de la manière de les pêcher.

Parmi les usages, en voici un qu'il faut connaître, pour éviter toutes contestations. Si deux personnes pêchent ensemble, il doit y avoir au moins entre elles la longueur de la canne à pêcher, plus celle de la ligne.

Entre les conseils que M. Kretz aîné donne aux amateurs, il veut que le pêcheur novice commence ses études de pêche par celle des étangs plutôt que par celle des rivières, car le poisson des eaux dormantes, moins fort et moins bien nourri que celui des eaux courantes, mord plus vite à l'appât et est plus facile à prendre. Il veut aussi qu'on s'accoutume dans les commencements à pêcher avec des ustensiles fins, car le soin et les précautions qu'il faut prendre pour réussir finissent par former un pêcheur expérimenté et habile.

Il recommande diverses précautions hygiéniques : telle est celle d'éviter de boire l'eau des étangs et surtout les eaux froides des fontaines, lorsqu'on a chaud ; de ne point s'asseoir sur la terre si sèche qu'elle soit, mais d'emporter avec soi un morceau de tapis ou une plaque de liége. Il faut également se mettre à l'abri du froid des pieds auquel les pêcheurs sont fréquemment exposés. Pour cela il est bon de porter des bottes ou des souliers forts, bien graissés avec une composition de suif, de résine et de cire jaune.

« Tous les anciens pêcheurs savent bien, dit-il en terminant, qu'on prend en pêchant à la ligne pendant la nuit plusieurs grosses tanches, barbillons et autres poissons, mais cette pêche est très-dangereuse pour la santé. »

CALENDRIER DU PÊCHEUR

Indication des mois pendant lesquels on pêche les différentes sortes de poissons d'eau douce.

JANVIER.

Brochet, chevenne.

FÉVRIER.

Brochet, chevenne, perche.

MARS.

Saumon, truite, ombre, carpe.

AVRIL.

Truite, ombre, saumon, brème, gardon, vandoise, goujon, ablette, éperlan.

MAI.

Truite, ombre, saumon, carpe, tanche, brème, gardon, vandoise, goujon, ablette, éperlan, anguille.

JUIN.

Truite, ombre, saumon, brochet, perche, carpe, barbeau, chevenne, tanche, brème, gardon, vandoise, goujon, ablette, éperlan, anguille.

JUILLET.

Truite, ombre, saumon, brochet, perche, carpe, barbeau, chevenne, tanche, brème, gardon, vandoise, goujon, ablette, éperlan, anguille.

AOUT.

Truite, ombre, saumon, brochet, perche, carpe, barbeau, chevenne, tanche, brème, gardon, vandoise, goujon, ablette, éperlan, anguille.

SEPTEMBRE.

Brochet, perche, chevenne, gardon, vandoise, carpe, barbeau, tanche, goujon, ablette, éperlan.

OCTOBRE.

Brochet, perche, chevenne, gardon, vandoise, goujon.

NOVEMBRE.

Brochet, perche, chevenne, gardon, vandoise.

DÉCEMBRE.

Brochet, perche, chevenne.

Ustensiles du Pêcheur à la ligne.

Nous empruntons à M. Kretz aîné la nomenclature de tout ce qui doit composer l'arsenal du pêcheur.

« Le pêcheur à la ligne doit être approvisionné de cannes à pêche nécessaires pour la pêche de fond, celle de la carpe et du brochet, et pour la pêche à la mouche. Il doit avoir des lignes en crin, en soie, en crin et soie, en boyaux de vers à soie, de différentes grosseurs et longueurs, des flottes et des bouchons de diverses dimensions en raison de la profondeur des eaux où il pêche; des hameçons de différents numéros, simples et doubles, empilés sur crin, soie, boyaux de vers à soie, cordon de guitare ; il faut aussi qu'il ait dans sa trousse un assortiment d'émérillons.

« Le pêcheur doit encore se munir de moulinets propres à contenir ses lignes, qui doivent porter trente à cinquante mètres pour la pêche de la carpe, du brochet, de la truite et du saumon; il faut qu'il ait une sonde garnie de liége pour prendre la profondeur de l'eau; une aiguille à amorcer: un anneau en cuivre pour décrocher sa ligne quand elle se trouve prise dans les herbes; une épuisette pour saisir le poisson qui a mordu, et un filet pour le conserver vivant tout le temps que le pêcheur tient sa ligne. Un panier enfin qui se porte sur le dos, au moyen d'une courroie en cuir, doit compléter son équipage. Le pêcheur ne doit pas surtout oublier de se munir d'hameçons, de lignes et ustensiles de rechange. afin de parer aux accidents qui pourraient arriver.

Description et usage des ustensiles de la pêche à la ligne.

De la canne. — La canne à pêche est une pièce tellement essentielle qu'il faut apporter beaucoup de soin dans le choix qu'on en fait.

On distingue, quant à leur usage, quatre sortes de cannes. 1° Celles qu'on emploie à la pêche de l'ablette, du goujon et autres petits poissons, sont très-légères et n'ont que trois mètres à trois mètres vingt-cinq centimètres de longueur compris le scion,

Elles sont ordinairement en roseau de France (*fig.* 1).

2° Les cannes dont on se sert pour les poissons de moyenne grosseur. Elles sont en bambou d'Amérique. On peut remplacer le bambou par quelque bois flexible et léger, percé dans toute sa longueur; mais les cannes en bambou sont préférables à cause de leur légèreté et de leur durée. On leur donne cinq mètres à cinq mètres vingt centimètres de longueur (*fig.* 2, *page* 15).

3° Les cannes solides et un peu raides qu'on emploie pour la carpe et le brochet et autres gros poissons, sont en bambou, en noyer blanc d'Amérique, nommé *bois d'Hickory*, ou même en frêne très-sec et de droit fil.

4° Enfin les cannes qu'on emploie pour pêcher la truite avec la mouche artificielle, ou le chevenne aux insectes. Comme on doit faire sautiller l'hameçon sur la surface de l'eau, on conçoit que ces cannes doivent être flexibles, légères et néanmoins assez solides pour enlever une belle truite. On les fabrique, de même que les précédentes, en bambou ou en noyer des Indes (*fig.* 3).

Les cannes pour la pêche des petits poissons se composent de trois pièces. Les deux premières sont creuses. Elles sont en bambou ou en roseau de Provence, et la troisième pièce est le scion qui se compose d'une mince baleine entée sur une baguette de troène. La baleine, qui a au plus trois millimètres de diamètre, est garnie à son extrémité d'un anneau en fil poissé servant à fixer la ligne.

Pour monter la canne on visse ces trois pièces l'une sur l'autre. On la démonte en faisant entrer le scion dans le roseau du milieu et tous les deux dans le premier; puis, au moyen d'une pomme qui s'adapte à l'une des extrémités et d'un bout qu'on ajoute à l'au-

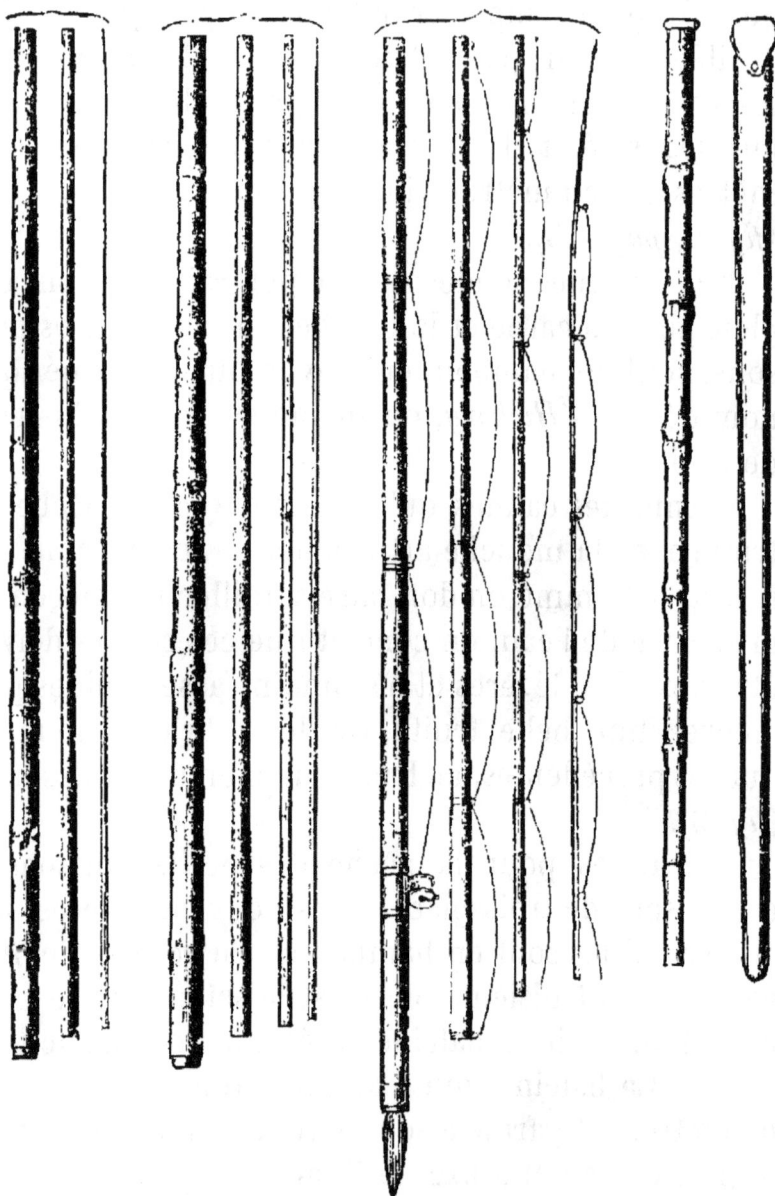

tre, on convertit une canne de pêche en une véritable canne de promenade (*fig. 4*).

Les cannes pour les poissons de moyenne grandeur diffèrent des précédentes : elles sont composées de quatre pièces qui entrent également l'une dans l'autre.

Celles qu'on emploie pour les gros poissons sont pleines et formées de quatre et même cinq bouts, ayant chacun un mètre trente centimètres de longueur, lesquels se vissent les uns sur les autres ou se montent à goujon. Suivant le nombre de bouts que vous montez, vous obtenez à volonté une canne de quatre, cinq ou six mètres de longueur.

La canne pour la pêche de la truite est de même composée de quatre morceaux y compris le scion. Voici d'après le *Pêcheur praticien* de M. Lambert de Saint-Ange, la dimension de toutes les parties de cette canne :

	Diam. du haut.	Diam. du bas.
Ire Pièce en frêne ou hickory......	3) millim.	16 millim.
2e — —	15 millim.	11 millim.
3e — —	10 millim.	7 millim.
4e Pièce en bambou refendue sans enture................	6 millim.	1 millim.

Les pièces creusées doivent être garnies de viroles à leurs extrémités qui, sans cela, seraient exposées à se fendre. Les cannes pour les gros poissons et pour la truite sont ordinairement pourvues de moulinets et de petits anneaux de cuivre ou de fer placés de trente centimètres en trente centimètres pour maintenir la ligne courante le long de la canne.

De la ligne. — La ligne est un fil plus ou moins fin qu'on fixe à l'extrémité de la canne au moyen du bouton de fil poissé qui termine le scion. Il est composé de crins blancs, de soie, de fil de pitte[1] ou de racine auxquels on attache un ou plusieurs hameçons.

La force et la longueur de ce fil varient suivant l'espèce de poissons qu'on veut prendre et d'après le genre de pêche auquel on se livre. Pour la pêche ordinaire les deux pièces voisines de l'hameçon sont de deux crins. Les deux pièces au-dessus de trois crins, les trois suivantes, de quatre crins, en allant toujours en augmentant jusqu'à douze crins.

On peut diviser une ligne très-longue en plusieurs parties de trois mètres chacune qu'on réunit ou sépare suivant la longueur dont on a besoin, au moyen de petits émérillons à crochets. Cette opération très-facile peut se faire sans toucher à la canne. (Voy. *fig.* 3, page 15, la forme de ces émérillons qui sont simples ou doubles.)

Les lignes pour les petits poissons sont généralement en crin. Pour les poissons moyens elle se fait en soie ou en racine (crin de Florence ou boyaux de vers à soie)[2]. Les lignes destinées aux gros poissons sont en crin et en soie légèrement tordus ensemble.

On peut colorer les lignes en les mettant tremper dans une infusion de feuilles de noyer, dans du thé

---

[1] Ce fil très-fort est tiré des feuilles de l'agavé d'Amérique.

[2] On donne fort improprement le nom de boyaux de vers à soie à cette matière. C'est la substance que le ver à soie transforme en soie et qui est placée dans un organe particulier. On se la procure en faisant macérer pendant vingt-quatre heures les vers les plus gros et les plus transparents, dans du vinaigre, au moment où ils sont prêts à monter. On extrait ensuite de leur corps la glande contenant cette substance qui est molle et gluante; puis on l'allonge avec précaution jusqu'à la longueur de 35 à 40 centimètres, en tâchant de faire en sorte que le fil obtenu soit rond et égal. Un tel fil surpasse la force de douze crins.

très-fort, ou dans du marc de café. Ces infusions doivent être chaudes.

Il est nécessaire de passer les lignes en soie à l'huile
grasse, puis on les essuie bien et on les laisse sécher ;
sans cette précaution elles auront un mouvement de
torsion et de détorsion qui fera tourner sans cesse la
flotte ou le bouchon.

On donne également le nom de lignes à des ficelles
de mille à douze cents mètres sur lesquelles on attache de distance en distance un grand nombre d'hameçons.

Une ligne bien faite ne doit pas être trop torse et
elle doit aller en diminuant de grosseur depuis le
point d'attache jusqu'aux hameçons.

Il est utile pour un pêcheur de savoir faire le *nœud
double* avec lequel on réunit deux parties d'une ligne.
Ce nœud consiste à faire passer deux fois les bouts
autour de la boucle qu'on forme ; jamais il ne se re-
lâche s'il a été bien serré.

Des hameçons. — Tout le monde sait que l'hameçon est un crochet d'acier recourbé. La branche la
plus courte présente un dard ; la direction de ce dard
est opposée à la pointe de l'hameçon afin que, lorsque
cette pointe a percé le palais ou les lèvres du poisson,
elle ne puisse se dégager. La longue branche est terminée par un aplatissement ou plus rarement par un
anneau. La série des hameçons est indiquée par les
numéros qu'ils portent dans le commerce.

Les marchands d'ustensiles de pêche tiennent des
hameçons doubles pour la pêche du brochet.

La manière d'attacher l'hameçon au bout de la
ligne s'appelle *empiler.* On empile ordinairement les

hameçons sur crin, sur racine. sur de la soie légèrement poissée ou sur du fil de pitte. Quand la branche
la plus longue de l'hameçon est terminée par un
aplatissement, on pose, le long de cette branche,
l'extrémité de l'empile pliée en deux et formant
boucle, puis avec le bout le moins
long on fait, en commençant par le
haut, plusieurs révolutions serrées
l'une contre l'autre jusqu'à ce qu'on
soit arrivé près de la boucle ; on engage alors dans cette boucle ce qui
reste du petit bout de l'empile et, en
tirant avec force, mais précaution,
l'autre extrémité, on attire et fait
remonter sous les circonvolutions qu'on vient de faire
le petit bout de l'empile. C'est précisément de cette
manière que les fabricants de brosses à peindre fixent
les tours de ficelle qui attachent le poil des pinceaux.

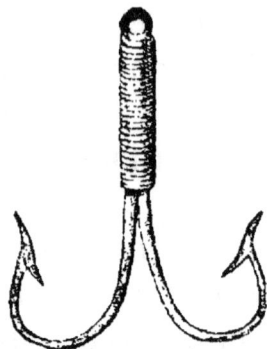

Lorsqu'au lieu d'un aplatissement la longue branche
de l'hameçon présente un anneau, on se contente d'y
passer deux fois l'empile et de faire un nœud, ou bien
on fixe le petit bout de l'empile qui entoure deux
fois l'anneau, contre le grand bout, au moyen de
plusieurs tours d'un fil fin mais solide.

Les hameçons destinés au brochet doivent être empilés avec un fil plus solide que celui qu'on emploie
pour les autres poissons, afin qu'il ne le coupe point
avec ses dents acérées. On emploie souvent du fil de
laiton, mais sa raideur et son élasticité communiquent
à l'appât un mouvement brusque qui fait fuir le poisson. Une corde filée de guitare est préférable.

Manière de mettre le plomb à la ligne. — Le lest que

l'on met aux lignes est un plomb de chasse, nᵒˢ 1 à 5 ;
ils sont fendus jusqu'à la moitié.

Le plomb doit être fixé sur la ligne à huit centimè-

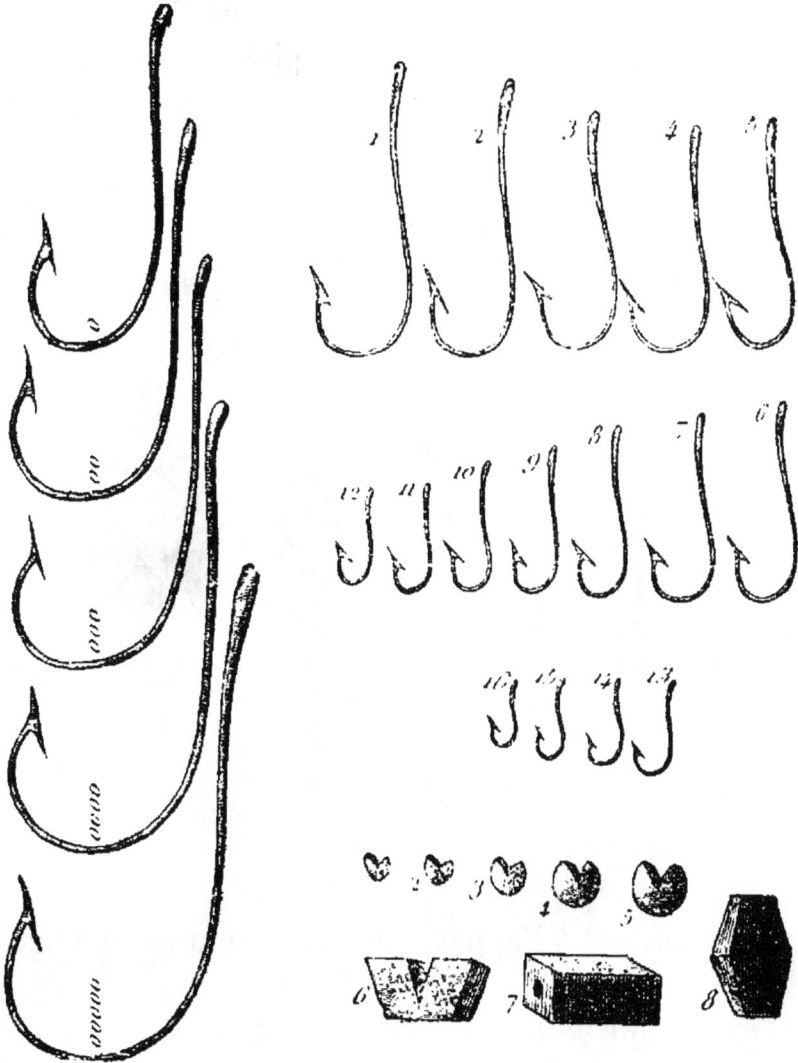

tres au-dessous du nœud qui attache l'empile à la
ligne; mettez encore entre ce point et la flotte deux
ou trois plombs. Cela tient votre appât dirigé vers le
fond, et la flotte nage sur l'eau sans vaciller.

Flottes et bouchons. — Les flottes et les bouchons ont

pour objet de soutenir la ligne sur la surface de l'eau
en maintenant l'hameçon à la distance nécessaire du
fond, suivant le genre de pêche qu'on pratique.

Il faut remarquer que plus le courant d'une rivière
est rapide, plus on doit mettre de plomb à la ligne et,
par conséquent, plus la flotte ou le bouchon doit être
gros.

Il est indispensable que la partie supérieure de la
flotte soit toujours bien visible au-dessus de l'eau, car
c'est d'après le mouvement que lui imprime le pois

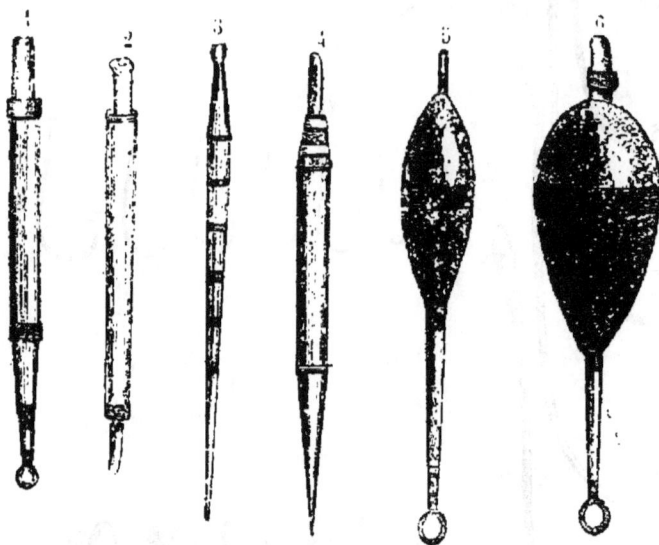

son en mordant à l'appât, que le pêcheur saisit l'instant de piquer.

Il existe une douzaine d'espèces de flottes, il y en
a en plume, en liége, en bambou, roseau, ivoire, etc.
Le plus ordinairement elles sont minces aux deux
extrémités et renflées au milieu. On a remarqué que
celles qui sont plus grosses au-dessus du milieu,
c'est-à-dire en forme de poire, nagent mieux que les
autres quand il fait du vent.

On fixe ces flottes à la ligne au moyen d'un coulant de plume garni aux deux extrémités de plusieurs tours de fil poissé : le moindre tiraillement, la plus petite morsure le fait aussitôt plonger.

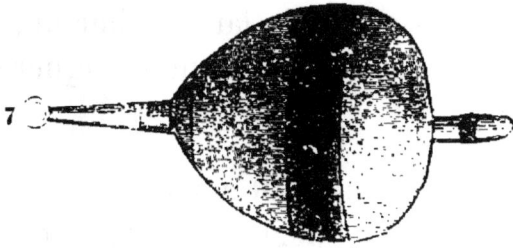

Les flottes en liége sont percées au milieu pour recevoir la plume dont la partie inférieure est bouchée avec un morceau de bois au bas duquel il y a un anneau, pour laisser passer la ligne. Elles sont excellentes pour pêcher dans les courants rapides, car ces flottes supportant beaucoup de plomb, l'hameçon amorcé ne passe point trop vite sur le fond, ce qui ne manquerait point d'arriver avec une flotte légère. Nous reviendrons sur les divers genres de flottes en parlant des pêches auxquelles ils conviennent spécialement.

Du plioir. — C'est un morceau de bois plat avec une échancrure à chaque bout pour recevoir la ligne. Il y en a de différentes grandeurs, les uns sont destinés aux lignes légères, les autres aux rallonges et aux ficelles. Pour rouler convenablement une ligne sur le plioir, on commence par loger l'hameçon dans l'échancrure de l'un des bouts, puis on enroule la ligne en l'engageant

alternativement dans chacune de ces échancrures ;
ensuite, quand la ligne entière est ainsi repliée,
on engage son extrémité dans l'une des fentes prati-
quées sur le côté du plioir, afin qu'elle ne se déroule
pas.

Il est très-essentiel de faire sécher une ligne avant
de la replier, car l'humidité ne manquerait pas de la
détériorer.

Le *moulinet* est un petit appareil que l'on fixe à la
base de la canne de pêche au moyen d'un collier en
cuivre que l'on serre avec une vis à
oreilles.

On enroule sur le moulinet, pourvu
d'une petite manivelle, une certaine
quantité de ligne. Lorsqu'un gros pois
son a mordu et qu'il tire sur la ligne
avec force, il faut dévider vivement le
moulinet et donner de la ligne pour qu'elle ne
soit pas rompue, puis on repelotonne de nouveau sur
le moulinet lorsque la résistance du poisson a di-
minué.

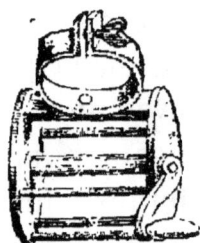

Nous avons dit que la canne, lorsqu'elle porte un
moulinet, doit être garnie dans toute sa longueur de
petits anneaux de cuivre ou de fer (*voir page* 15).
Lorsqu'on ajuste les diverses pièces d'une canne, il
faut veiller à ce que les anneaux se trouvent bien en
ligne directe, sans cela la ligne, en serpentant dans
ces anneaux, éprouverait des frottements qui l'empê-
cheraient de se dérouler assez vite.

L'*épuisette* est un petit filet en forme de poche
monté sur un cercle de gros fil de fer, ou sur un léger

cerceau de bois. Ce filet est ajusté au bout d'un long manche.

Lorsque le poisson que l'on vient d'accrocher est assez fort pour rompre la ligne, quand on essaiera de le tirer de l'eau, on passe l'épuisette sous lui et on l'enlève sans danger.

Il faut remarquer qu'en raison des efforts que le

poisson fait pour s'échapper, il pèse dans son élément quatre fois plus que sa pesanteur réelle et que ces efforts redoublent de violence lorsqu'on veut le tirer de l'eau.

L'anneau à *décrocher* sert à dégager l'hameçon lorsque celui-ci est pris dans des herbes ou dans quelque autre objet. Pour y parvenir on passe le bout de la canne dans l'anneau, auquel est attachée une longue ficelle, et on laisse filer cet anneau tout le long de la ligne jusqu'à l'obstacle qui retient l'hameçon. On tire alors avec précaution la ficelle et la ligne ; le plus souvent on parvient à dégager l'hameçon.

Ces anneaux sont en fer ou en cuivre, leur diamètre est d'environ huit centimètres : ils pèsent communément cent vingt-cinq grammes. Les plus commodes sont ceux qui s'ouvrent à charnière, surtout lorsque la canne est pourvue d'un moulinet au-dessus duquel on ne pourrait sans cela les faire passer.

La *sonde*. — Avant de jeter sa ligne à l'eau le pêcheur doit connaître sa profondeur,
afin de régler la distance qui doit exis-
ter entre la flotte et l'hameçon. On y
parvient à l'aide de la sonde. C'est un
morceau de plomb en forme de cône.
Il est percé d'un trou à son sommet,
pour y attacher une ficelle garnie de
nœuds, de décimètre en décimètre.

Le *grappin* ou *harpeau* sert à retirer de l'eau des
objets qui seraient restés accrochés
dans les herbes. Les plus petits ne
pèsent que 60 à 90 grammes et se
mettent dans la trousse du pêcheur.
Il y en a qui servent à lever les lignes
de fond et qui pèsent un ou deux kilogrammes.

Dégorgeoir. — Cet instrument, de cuivre ou de
corne, a de 15 à 18 centimètres de longueur et se termine par une petite fourche à pointes émoussées. Il
sert à dégager l'hameçon lorsque celui-ci ayant été
avalé et entré dans la gorge, on fait alors descendre
le dégorgeoir sur l'hameçon qu'on repousse en arrière
et qui se dégage.

L'*aiguille à amorcer* est en acier ; elle sert à enfiler
le petit poisson quand on l'emploie comme amorce
vivante.

Une *boîte de fer-blanc* pour renfermer les vers de

2

terre ; *une autre* pour les petits poissons vivants qui doivent servir d'amorce ; un *sac de toile* pour les asticots ou vers de viande, un panier ou un filet pour y

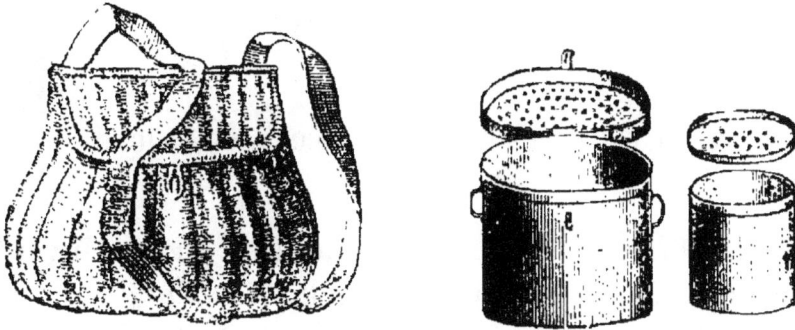

déposer les poissons qu'on prend ; tels sont les ustensiles les plus ordinaires du pêcheur. Presque tous peuvent être contenus dans la trousse en cuir. Il en est encore d'autres dont nous parlerons plus loin.

CHAPITRE II

Les diverses manières de pêcher à la ligne peuvent se réduire à deux espèces principales : *La pêche à la ligne flottante*, et *la pêche à la ligne de fond.*

Les lignes flottantes sont tenues à la main et suivent le cours de l'eau, en sorte que le pêcheur doit épier le moment où le poisson mord.

Elles forment trois divisions, savoir : la *ligne au coup*, la *ligne à fouetter* et la *ligne à la volée* qui, elle-même, comprend la *pêche aux mouches artificielles*, et la *pêche aux mouches naturelles.*

Ligne au coup. — Cette ligne doit être garnie d'une flotte soutenant la bannière (partie de la ligne qui porte les hameçons). Sans la flotte, les hameçons, au lieu de suivre le fil de l'eau en restant suspendus dans le courant, iraient s'accrocher au fond de la rivière. L'emploi de la flotte a encore un autre but, c'est de nous indiquer, en s'enfonçant, l'instant de piquer lorsque le poisson a mordu.

Nous avons d'ailleurs décrit à la page 21 les diverses sortes de flottes et leur usage.

Nous avons également parlé des plombs de chasse qu'on fixe à la ligne afin de l'obliger à descendre assez promptement pour que le courant ne l'entraîne pas

loin du pêcheur. On diminue naturellement la quantité de plomb dans les eaux peu profondes et dont le
courant est faible ; on choisit alors une flotte d'autant
plus légère qu'elle n'a à supporter qu'un poids plus
minime.

Remarquons que la ligne ne doit pas être chargée
de plus de plomb que la flotte n'en peut porter ; autrement elle ne serait plus flottante et deviendrait
un engin soumis à la licence ; il en serait de même
si elle était retenue en place par une pierre ou par
un obstacle quelconque interposé dans le dessein de
la retenir en place fixe.

La *ligne à fouetter* est la seconde espèce de ligne
flottante. On ne l'emploie que pour les petits poissons qui viennent à la surface de l'eau, tels que
l'ablette et l'éperlan. Le corps de la ligne est formé
par un seul crin ou deux crins au plus, et le reste
est fait en boyau de ver à soie. On le garnit de cinq
petits hameçons placés à trente centimètres les uns
des autres. A cinquante centimètres au-dessus du
dernier, et tout près de son point d'attache, on fixe
un petit plomb de chasse n° 6, et au-dessus du plomb
une toute petite flotte.

On choisit ordinairement pour cette pêche une
eau courante et peu profonde. On amorce les hameçons avec des vers de viande et, de temps en
temps, on en jette quelques pincées dans l'eau pour
attirer le poisson.

Dans cette pêche la ligne doit être presque toujours en mouvement, car le courant l'entraînant continuellement, il faut sans cesse la ramener. Ce n'est
plus la flotte qui indique ici que le poisson a mordu,

mais c'est lorsqu'en remontant sa ligne contre le
courant, on sent une légère résistance, en sorte que
c'est la main et non la vue qui doit guider le pêcheur.

Cette pêche est assez récréative lorsqu'on a le
soin d'amorcer abondamment l'endroit où l'on pêche,
mais on n'y prend jamais que de petits poissons.

Ligne à la volée pour la mouche artificielle. — On se
sert pour cette pêche d'une canne à moulinet avec
une ligne très-longue, composée de soie et de crins
tordus et tressés, finissant en queue de rat.

Ces lignes sont de vingt-cinq à trente mètres de
longueur, plus un bas de ligne de un mètre et demi
à deux mètres, en boyau de ver à soie.

La ligne n'ayant ni plomb ni flotte est enroulée
sur le moulinet qui peut être simple ou à engrenage [1] et passe dans les petits anneaux fixés à la
canne.

Il est indispensable que cette canne, dont la longueur est de quatre à cinq mètres, soit très-flexible
afin de pouvoir lancer la mouche au loin [2].

On attache au bas de la ligne, la mouche artificielle
qui doit servir d'appât, et quelquefois deux autres
mouches un peu plus haut. La première mouche

---

[1] On donne le nom de *multiplicateur* à cette espèce de moulinet, car, au moyen de son engrenage, on obtient un mouvement
de rotation infiniment plus rapide ; ce qui est essentiel lorsqu'il
est nécessaire de dérouler promptement une grande longueur de
ligne et de la repelotonner ensuite.

[2] M. Ch. de Massas a imaginé les cannes rubannées pour lesquelles il a pris un brevet ; elles sont d'une solidité parfaite, d'une
grande légèreté et d'un prix modique.

s'appelle *mouche du bas de ligne* et les deux autres *pos-
tillons*. (Voir *à la page* 49, les diverses sortes de mouches artificielles.)

La manière de lancer sa mouche artificielle sur la
surface de l'eau exige une étude particulière.

Commencez par attacher votre bas de ligne à la
ligne au moyen des boucles qui sont à leur extrémité.
« Prenez, dit M. Kretz aîné, la mouche entre le
pouce et le premier doigt de votre main gauche, et
la canne à pêcher dans la droite avec le scion tourné
à gauche ; puis faites tourner doucement votre canne
à pêche à droite, faisant un cercle autour de vos
épaules, et lâchez la mouche que vous tenez entre les
doigts au moment que vous désirez la jeter dans
un endroit fixe ; exercez-vous de cette manière, soit
sur terre, soit sur l'eau, jusqu'à ce que vous sachiez
bien jeter votre mouche. »

Tâchez autant que possible d'avoir le dos au vent
lorsque vous pêcherez à la mouche, car la ligne est
bien plus facile à lancer. Éloignez-vous autant que
possible des bords de l'eau afin de n'être point en vue
des poissons, surtout évitez de faire du bruit ; enfin
étudiez la manière de faire tomber mollement votre
mouche sur l'eau, et de la jeter juste à l'endroit que
vous aurez choisi.

N'oubliez pas d'examiner quelle est l'espèce de
mouche qui vole au-dessus des eaux où vous allez
pêcher, afin d'amorcer votre ligne de celle qui lui
ressemblera le plus ; enfin, lorsque votre mouche
flottera, imprimez-lui de légers mouvements par le
tremblement de la canne.

La pêche à la mouche artificielle est l'une des plus agréables et des plus récréatives. Elle se fait en se promenant et en suivant le cours des rivières et des ruisseaux. Le pêcheur n'a pas besoin d'autres ustensiles que sa ligne; son portefeuille, garni d'une collection de mouches artificielles, lui fournit ses appâts, et un panier recevra ses captures.

Cette pêche se fait de mars à octobre. Pendant un temps clair et chaud, pêchez de préférence le matin et le soir, surtout au moment du lever et du coucher du soleil; mais si le temps est variable ou orageux, vous pourrez pêcher toute la journée.

Toutefois ne dissimulons pas les inconvénients de la pêche à la mouche. D'abord, le nombre des poissons qui mordent à la mouche artificielle est fort restreint: il ne comprend guère que la truite, la perche, le chevenne, la vandoise et le brochet; tandis que la généralité des poissons mordent à l'appât de la ligne à coup ou à celui de la ligne à fouetter; puis on ne doit avoir aucune espérance de pêcher par ce moyen durant l'hiver.

La seconde espèce de ligne à la volée sert à pêcher le poisson entre deux eaux.

On lui donne ordinairement huit mètres de longueur. Elle est garnie de plusieurs flottes dont la première n'est qu'à seize centimètres de l'hameçon.

On choisit ordinairement un rivage élevé pour lancer sa ligne le plus loin possible, ou bien on se sert d'un bateau qu'on laisse aller à la dérive. On amorce ses hameçons avec des mouches et d'autres insectes ou avec une cerise, une groseille à maquereau, etc. On prend ainsi des chevennes, et même quelquefois des brochets.

La *pêche aux lignes dormantes* est une variété de la pêche à la ligne au coup. Ayez six ou huit lignes que vous attacherez à autant de gaules. Placez ensuite ces gaules presque horizontalement, en sorte que leur petit bout ne soit qu'à sept ou huit centimètres de la surface de l'eau. Vous assujettirez bien vos gaules, soit par de petites fourches en bois, soit autrement, car tout dépend ici de la disposition du terrain.

Ces gaules doivent être rangées à une distance telle, les unes des autres, que leurs hameçons ne puissent s'entremêler, mais il faut aussi que le pêcheur puisse embrasser d'un coup d'œil toutes ses flottes. Aussitôt qu'il juge par le mouvement de l'une d'elles qu'un poisson est accroché, il relèvera la gaule et tirera avec toutes les précautions nécessaires.

On amorce de la même manière que pour la pêche au coup.

Nous devons ici faire remarquer aux amateurs de pêche, que la pêche aux lignes dormantes n'est point libre et rentre sous le régime de la licence, bien qu'on y emploie des lignes flottantes.

Voici d'ailleurs le texte de la loi : ART. 5. Néanmoins il est permis à tout individu de pêcher à la ligne flottante *tenue à la main*, dans les fleuves, rivières et canaux, etc.

Pêche à la ligne de fond.

On compte trois sortes de pêches avec les lignes de fond : La *pêche à soutenir*, la *pêche aux traînées* ou *cordeaux de nuit* et la *pêche aux jeux*.

Pêche avec la ligne à soutenir à la main. — Cette pêche, aussi agréable que facile, se fait avec des lignes très-solides en fouet de lin ou en cordonnet de soie. On leur donne jusqu'à soixante mètres de longueur lorsqu'on veut pêcher dans une grande rivière, la moitié dans les rivières ordinaires, et seulement quinze mètres pour la pêche des étangs et des fossés.

On arme cette ligne avec un hameçon n° 1 au printemps. n° 3 en été et 0 en automne. On amorce avec des vers rouges au printemps, du fromage de gruyère en été, et de la viande à l'arrière-saison.

La ligne est garnie d'une plombée du poids de 200 à 350 grammes.

Cette pêche exige une eau vive et profonde; il faut choisir un endroit qui domine l'eau. On se place donc sur une berge élevée, sur un chemin de halage, un pont ou un quai.

Lorsque vous voudrez vous servir de votre ligne, dépelotonnez-la en l'arrangeant en rond par terre, afin qu'elle ne s'emmêle pas. Arrivé à l'hameçon, garnissez-le avec l'amorce convenable à la saison où l'on se trouve; puis lancez la plombée en avant en soutenant légèrement la ligne.

La plombée étant assise sur le fond de la rivière, tenez la ligne à la main sans trop la tendre, et armez-vous de patience, jusqu'au moment où vous la sentirez trembloter dans votre main, ferrez vivement alors. Si votre proie est un gros poisson et qu'il se débatte dans l'eau, rendez-lui un peu de ligne, non par crainte qu'elle ne se rompe, mais pour ménager la bouche du poisson qui pourrait se déchirer.

La *pêche à soutenir dans les pelotes* se fait de la manière suivante; on prend de la terre grasse la plus pure possible, on en fait des boulettes assez molles, bien pétries et de la grosseur d'un œuf; on y introduit deux ou trois bonnes pincées de vers de viande. On garnit ensuite l'hameçon, qui doit être du n° 3, avec les mêmes vers, qu'on enfile par la queue. On en met autant qu'il pourra en tenir. Engagez ensuite l'hameçon dans la pelote, en sorte que les vers soient tournés du côté extérieur, puis jetez votre pelote à l'eau avec la ligne qui doit la suivre.

Remarquez que ce genre de pêche n'admet pas de plombée, c'est la pelote qui en est lieu. Cette pelote se fond peu à peu, les vers qu'elle renferme se dégagent. Emportés par le courant, ils forment une trace que le poisson suit en remontant et les avalant à mesure. Arrivé à la pelote, il aperçoit l'hameçon caché par les vers qui y sont enfilés et se jette goulument dessus; c'est alors que le pêcheur, averti par le choc, et surtout par une certaine tension de la ligne, pique vivement afin de faire entrer l'hameçon dans la bouche du poisson, en refoulant les vers

Lorsque la pelote s'est fondue, sans que l'hameçon ait été attaqué par les poissons, la ligne remonte et suit le courant. A ce signal d'insuccès, le pêcheur prépare une nouvelle pelote et recommence son opération.

Il doit toujours avoir le soin de jeter les pelotes au même endroit, dans cette sorte de pêche, afin que le remontage des poissons continue à se faire sur la même ligne.

La *pêche aux traînées* ou *cordeaux de nuit* est la plus productive de toutes les pêches aux lignes de fond. Cette ligne se compose d'une forte ficelle poissée afin qu'elle ne se vrille pas. On y fixe depuis cent jusqu'à cinq cents hameçons n°s 1 et 2 attachés

sur des empiles de fil de chanvre écru. Ils doivent
être espacés de soixante-dix centimètres à un mètre,
et les empiles auront soixante centimètres de longueur. Au reste, plus la traînée est longue, plus on
distance les empiles.

Les hameçons seront amorcés avec de gros vers
de terre, ou du fromage de gruyère, ou des petits
poissons vivants.

On tend sa ligne au milieu de l'eau, d'amont en
aval, en la maintenant au fond au moyen de cail-
loux. Le centre et les extrémités de la ligne doivent
être fixés à de grosses pierres du poids de huit à dix
kilogrammes.

On comprend que, pour faire cette pêche en grand,
il faut un bateau où l'on doit être trois au moins,
quand les traînées sont longues. Il y a de ces traînées
monstres auxquelles on attache de cinq cents à mille
hameçons.

Pêche aux jeux. — Les jeux sont de petites traînées
que l'on place de jour aussi bien que de nuit.

Voici comment se fait cette pêche : procurez-vous
des piquets de trente à trente-cinq centimètres de
longueur; enfoncez-les au bord de la rivière; attachez à la tête de chacun de ces piquets une cordelette solide en fouet de lin, de cinq ou six mètres de
longueur. A l'extrémité opposée de votre cordelette
fixez un long bas de ligne double en crin de Florence,
et portant trois hameçons régulièrement espacés.
Amorcez ces hameçons avec de gros vers rouges ou
du fromage de gruyère, suivant la saison, puis, à
l'endroit où le bas de la ligne est attaché à la cordelette, on fixe un gros caillou qu'on laisse aller au fond

de l'eau, en sorte que le bas de la ligne et ses hameçons flottent à l'aventure. Cet appareil constitue un jeu. On en pose ainsi six, huit, dix ou douze. Il est utile d'avoir un bateau pour la pose des jeux.

Cette pêche est fort productive : le barbeau, le chevenne et même la plupart des poissons de rivière viennent se prendre à ces jeux.

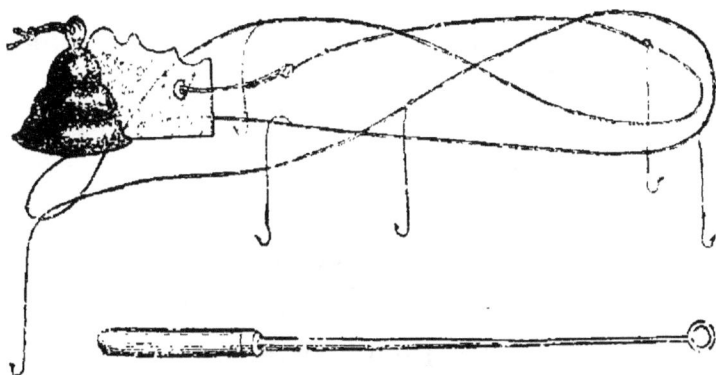

On pêche également aux jeux avec un seul cordeau garni suivant sa longueur de six à dix-huit hameçons et attaché à une plombée dont le poids varie de cent vingt-cinq à mille grammes. Elle porte un appendice en forme de gouvernail pour l'empêcher de tourner sur elle-même, ce qui mêlerait la ligne. On la descend dans l'eau au moyen d'un long bout de fouet attaché à sa tête.

Instruction sur l'art de distinguer les poissons d'après la manière dont ils touchent l'appât.

Je vois souvent des pêcheurs novices qui ne prenant rien ou presque rien à la ligne, renoncent à cette pêche ; ce sont également ceux qui disent : « Je ne comprends pas que l'on puisse s'amuser de la pêche à la ligne ; il faut appartenir à la famille des mollus-

ques ou être doué d'une patience qui touche de bien
près à la manie. » Cela ne m'étonne pas de la part de
gens qui s'imaginent que pour prendre du poisson
il suffit de fixer un ver au bout d'une ligne dont ils
tiennent l'autre bout, commodément assis au bord de
l'eau. Or, comme ils n'en prennent guère ou même
pas du tout, ils accusent l'art de la pêche, quand
c'est eux-mêmes qu'ils devraient accuser d'inaptitude
et de maladresse.

Savent-ils ce que c'est que le toucher du poisson,
c'est-à-dire ont-ils jamais su distinguer la différence
qui existe entre la manière dont tel ou tel poisson
aborde l'hameçon? non certainement, ils ne s'en
doutent même pas.

Voici à ce sujet quelques notes que nous avons
recueillies en faveur des pêcheurs novices. Nous tâ-
cherons de leur donner une idée de la manière d'apprécier les causes des diverses oscillations de la flotte
et du mouvement qu'éprouve la ligne.

Les poissons ne se nourrissent pas tous d'aliments
du même ordre : les uns, et ce sont les carnassiers, ont
l'habitude d'attaquer brusquement, et d'autres, d'a-
près le genre de leurs aliments, ont besoin de frap-
per avec leur nez pour diviser la pâture qu'on leur
présente. D'ailleurs tous n'ont pas les mêmes habitudes dans la manière d'aborder l'appât. Les uns sont
longtemps à se décider avant d'avaler l'hameçon,
d'autres jouent avec, avant de le happer ; mais il est
facile, avec un peu de pratique, de reconnaître à ces
nuances diverses le genre de poisson qui attaque,
et la manière dont il faut s'y prendre pour le ferrer et
le tirer à terre.

Le pêcheur qui ne tiendra pas compte de ces observations manquera souvent sa proie, tandis que son voisin mieux avisé aura une réussite complète.

Presque tous les pêcheurs novices manquent leur poisson par les mêmes causes, c'est-à-dire ils piquent au moindre mouvement de la flotte, sans s'apercevoir que cette oscillation est due à une cause étrangère et que le poisson n'a pas encore mordu. D'autres fois, au moment où il faut piquer, ils le font trop tard et le poisson se dégage.

Examinons donc les signes auxquels on peut reconnaître l'espèce de poisson qui vient mordre à votre appât, et les précautions qu'il faut prendre pour réussir à le ferrer.

La *carpe* hésite longtemps avant de tirer, puis elle tire mollement en augmentant progressivement. On ne doit pas se hâter de ferrer.

La *tanche* procède comme la carpe. Quand une tanche prend un appât, elle le fait entrer doucement dans sa bouche, surtout dans les eaux dormantes qu'elle habite de prédilection. Elle promène la flotte à la surface de l'eau comme si la force lui manquait pour la faire enfoncer, on croirait que c'est un petit poisson qui joue avec le ver : « prenez patience, dit M. Kretz aîné, ne craignez rien, elle ne quittera pas l'appât, mais aussitôt qu'elle fera filer votre flotte, piquez vivement et vous êtes sûr de n'en jamais manquer une. »

Le *barbeau* frappe et attaque vivement, on sent deux coups lorsqu'il mord, les coups frappés par les petits barbeaux sont plus sensibles que ceux frappés par les gros. Ne pas manquer de ferrer au moment où il mord.

La *brême* agit comme la carpe, mais elle remonte le courant, la ligne se détend, piquez dès que la ligne remonte. Remarquez bien que plus la brême est grosse, plus la morsure est légère.

Le *chevenne* mord mollement l'été à la surface de l'eau, et on sent une forte tension lorsqu'il attaque de fond au printemps. Piquez vivement.

Le *gardon* précipite ses attaques, mais petits et gros mordent si finement que si on n'y faisait pas attention on en manquerait deux sur trois qui mordent à l'appât ; piquez donc vivement au moindre mouvement de la flotte.

La *vandoise* attaque franchement, sa vivacité est si grande, que si ce poisson était un peu gros et qu'on ne le ménageât pas, il romprait tout.

Le *goujon* attaque avec avidité et n'abandonne pas le ver comme le font les autres poissons. On peut donc attendre qu'il entraîne la flotte pour tirer la ligne.

La *perche goujonnière*. Si le ver que l'on enfile sur l'hameçon le dépasse, ce poisson s'amusera à ronger cette partie flottante et négligera l'hameçon.

L'*ablette* et le *véron* attaquent avidement; ces poissons sont très-voraces.

La *truite* attaque brusquement, puis, après un intervalle de plusieurs secondes, vous sentirez deux ou trois coups précipités, piquez alors vivement.

Le *brochet* attaque avec tant de force et de vivacité que si l'on n'y faisait pas attention pour lui rendre la main et dévider la ligne, il la romprait indubitablement ; mais il se fatigue bien vite, car ce poisson vorace avale si goulûment que l'hameçon file jusqu'au fond de l'œsophage et perce quelquefois les intestins.

La *perche*, comme la truite, fait des efforts à tout rompre, mais qui durent peu.

L'*anguille* hésite, tourne autour de l'amorce, tire un peu, puis dévore avec avidité.

CHAPITRE III

———

Vocabulaire du pêcheur.

Appâts naturels. — Quelle que soit la voracité naturelle des poissons, les mêmes appâts ne leur conviennent pas indistinctement.

Les appâts doivent être modifiés selon l'espèce de
poisson que l'on veut pêcher, suivant les lieux et les
saisons.

Les vers de terre que l'on peut se procurer si
facilement dans une terre humide, et les asticots ou
vers de viande, forment en général les meilleurs
appâts. On peut y ajouter les vers de fumier, les vers
à queue des latrines et égouts, les petits vers rouges
que l'on trouve sur les bor s humides des ruisseaux,
les larves de mouches et autres insectes. Les chenilles, les grosses mouches, les sauterelles, les limaçons et les moules d'eau dépouillées de leurs
coquilles et beaucoup d'autres appâts dont nous parlerons en traitant de la pêche spéciale de chaque
poisson.

Pour obtenir sans peine une grande quantité de
vers de terre, on enfonce un piquet dans un terrain

frais et on le tourne de manière à comprimer la terre
tout autour, et à obliger les vers d'en sortir : ou
encore, on la foule avec les pieds. On peut également répandre une décoction de feuilles de noyer ou
de l'eau salée dans les endroits où une quantité de
petits trous indique leur présence ; on les voit bientôt
sortir de terre en foule. Pendant la nuit on en trouve
beaucoup rampant sur la surface de la terre, surtout
après la pluie.

Les vers de viande ou asticots exhalent une odeur
insupportable. Voici un moyen d'éviter cette odeur
et d'obtenir de très-beaux vers.

« On sèche bien une quantité d'ablettes et autres
petits poissons, on les met dans un vase de terre ver-
nissé, que l'on expose, non bouché, dans un jardin,
une cour, un grenier, sur la fenêtre, afin que la
mouche vienne y déposer sa larve ; au bout de quelque temps, les vers sont formés ; on ajoute alors
une poignée ou deux de son, et on continue d'y
placer de nouveaux poissons frais pour nourrir le ver,
qui devient énorme, très-blanc et n'a presque pas
d'odeur.

« On extrait du pot la quantité de vers nécessaire
au besoin journalier ; on les met dans un vase plat
que l'on saupoudre de son et que l'on penche un peu ;
le ver se sèche, roule du côté de la pente et reste pur,
dégagé de tout ce qu'il y a d'impropre et n'a plus aucune odeur. » (*M. Lambert Saint-Ange.*)

Les fumiers, surtout ceux de vache et de porc four-
nissent beaucoup de vers dont les pêcheurs font grand
cas.

Quels que soient les vers qu'on emploie, il est
utile de les faire dégorger. A cet effet on les met

dans un pot rempli de mousse légèrement humide
et on les y laisse deux ou trois jours : cela les
rend plus fermes et plus faciles à enferrer. C'est
également dans la mousse humide qu'on conserve
les vers.

Voici la manière d'enferrer les diverses espèces d'*esches* ou amorces.

Vers de terre. — Faites entrer la pointe de l'hameçon
dans le corps du ver, à un demi-centimètre de la tête
et faites-la filer dans l'intérieur du corps jusqu'à un
centimètre de la queue.

Cette longueur de queue, qui se mouvera autour
de la pointe de l'hameçon attirera le poisson. Plus de
longueur serait nuisible, car le poisson de moyenne
taille, ne pouvant avaler l'amorce d'un seul coup, se
contentera de la mordiller, de sorte que lorsque le
pêcheur croira piquer il trouvera sa ligne sans poisson et la moitié de son ver emportée.

Les vers de terre sont quelquefois trop longs pour
l'hameçon ; prenez-en la moitié, choisissez de préférence le côté de la queue et faites entrer l'hameçon
du côté opposé.

Quant aux vers de viande (*asticots*) on amorce quelquefois avec deux vers sur le même hameçon. Faites
monter le premier le long de l'hameçon de façon à
ce qu'il couvre sa queue ; enfilez le second à la suite
du premier en sorte qu'ils se joignent et que la pointe
de l'hameçon perce l'extrémité de l'asticot, puis
faites-la rentrer dans le corps. Cette observation, qui
pourrait paraître puérile, est importante, car la peau
de l'asticot étant assez dure, il est bon qu'elle soit
percée d'avance par l'hameçon, sans cela on risque-
rait de piquer sans que le poisson soit atteint.

Si vous pêchez le soir ou la nuit, faites en sorte que l'amorce soit bien apparente, et pour cela piquez deux vers de terre par le travers du corps afin que, s'agitant beaucoup, ils soient plus facilement vus par le poisson.

Si vous amorcez avec de très-petits insectes, mettez-en deux ou trois en travers. Un seul suffit, s'il est un peu gros.

En général tâchez d'amorcer de façon à ne point tuer le ver dont vous vous servez, car beaucoup de poissons ne mordent point au ver ou à l'insecte mort.

Les chenilles velues et non velues sont encore un excellent appât. Quelques pêcheurs évitent de se servir des premières qu'ils regardent comme malsaines, non pour les poissons, mais pour eux-mêmes. C'est une erreur : ces chenilles n'ont rien de venimeux.

Beaucoup de pêcheurs amorcent avec le pain de cretons, à cet effet on le concasse, on le met tremper, puis on en prend quatre ou cinq morceaux qu'on enfile sur l'hameçon de manière à cacher la pointe jusqu'au delà de la courbure. Si on ajoute un asticot à la pointe, l'effet de l'amorce sera encore plus certain.

Les petits poissons forment un excellent appât pour le brochet, les truites et autres espèces carnivores.

La grandeur du poisson d'amorce doit être proportionnée à la force de l'hameçon. La longue branche de l'hameçon doit être placée près de la bouche et reparaître vers l'ouïe. Au reste, nous renverrons le lecteur à la figure où nous avons indiqué les diverses

manières d'amorcer avec de petits poissons de façon
à les conserver quelque temps en vie.

Poisson vivant.

Poisson mort.

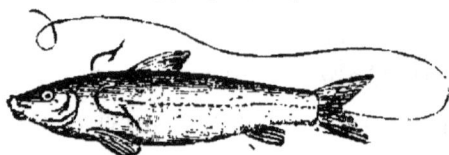

Une grenouille peut également servir d'amorce
pour le brochet. On la choisit petite et on la pique
par le cou en dirigeant l'hameçon entre la peau et
les chairs le long de l'épine du dos ; de cette manière
la grenouille reste non-seulement en vie, mais elle
continue à nager.

Le fromage de gruyère qu'on a taillé en petits morceaux carrés, et qu'on a mis tremper deux heures
dans du lait, forme un excellent appât, surtout en été.
On l'emploie pour les lignes de fond, jeux et lignes à
soutenir, dont nous parlerons plus loin.

Le blé, le chènevis et les fèves peuvent en toute saison servir d'esches lorsqu'on les a fait cuire. On y
insère le dard de l'hameçon sous la peau. On peut
avec cet appât prendre des carpes, des tanches, des
brêmes et des gardons.

La cerise et la groseille à maquereau doivent être
enferrées sur un hameçon n° 00. Le raisin exige des
hameçons n°s 4, 5 et 6 ; il faut enferrer ces fruits, sans
déchirer la peau.

Pâte d'amorce. — On se procure avec cette pâte
un appât excellent pour la plupart des poissons d'eau

douce. En voici la recette : prenez un morceau de
mie de pain cuit la veille, trempez-le dans l'eau, puis
pétrissez-le jusqu'à ce qu'il soit dur et gluant. Ne
faites votre pâte qu'au moment de vous en servir
afin qu'elle ne s'aigrisse point. Il faut la pétrir au
moins un quart d'heure pour qu'elle soit bonne. On
s'en sert pour la pêche du gardon avec des hameçons
n°s 10, 11 ou 12. Avec des hameçons n°s 1 à 5 elle servira pour les carpes, et de 5 à 9 pour les tanches, les
barbeaux et les chevennes.

Quelquefois on colore cette pâte en rouge avec un
peu d'ocre rouge.

Si vous faites votre pâte de mie de pain, en mêlant
moitié pain nouvellement cuit et moitié pain rassis,
vous aurez une amorce très-convenable pour les eaux
rapides.

On fait avec un morceau de mie de pain tendre,
trempé dans du miel, un excellent appât pour la
carpe, la tanche, le gardon et le chevenne. On le
pétrit avec les mains, jusqu'à ce que la pâte ait acquis
assez de consistance pour pouvoir être fixée sur l'hameçon. Il faut que le morceau de pâte soit suffisamment gros, pour qu'on puisse en jeter de temps en
temps quelques boulettes à l'eau dans le voisinage
de l'hameçon, et pour renouveler vos amorces. A la
rigueur le sucre peut remplacer le miel.

M. Kretz aîné recommande la pâte faite de fromage
et de pain pour les chevennes et il indique la formule
suivante : « Prenez du vieux fromage de gruyère, le
plus pourri et le plus gras que l'on puisse trouver,
pétrissez-le bien ; ajoutez-y de la mie de pain tendre,
et pétrissez-le tout ensemble, jusqu'à ce que le tout
ait assez de consistance pour amorcer l'hameçon. Si

le pêcheur veut faire de la dépense, qu'il prenne la peine de faire des amorces avec 500 grammes de vieux fromage plein de vers, et 1,500 grammes de pain ; il y mêlera de la pâte de pain de cretons pour les barbeaux et les chevennes. »

Il va sans dire que la plus grande partie de cette pâte devra être convertie en amorce de fond.

Voici une autre recette indiquée par M. Lambert (Saint-Ange), auteur d'un fort bon ouvrage sur la pêche : Prenez de la grosse farine de seigle et du miel, ajoutez-y du fromage de gruyère coupé en très-petites tranches, et que vous aurez mis tremper dans du lait pendant vingt-quatre heures, puis du chènevis pilé. Notons que le fromage en sortant du lait devra être pressé entre deux linges pour le sécher.

Prenez ensuite une petite quantité de farine à laquelle vous joindrez le tout. Pétrissez bien ce mélange, qui doit être assez ferme pour rester fixé à la pointe de l'hameçon. « Cette pâte, dit M. Lambert, est excellente ; tous les poissons mordent après. Lorsque la pâte est molle, ajoute-t-il, il faut ferrer très-vite à la première attaque. Si on a la main du pêcheur, on n'en manquera pas un. »

On n'en finirait pas si on voulait rapporter toutes les recettes de pâtes d'amorces préconisées par les pêcheurs, mais on peut s'en tenir à celles ci-dessus, données par des hommes d'expérience.

Amorces de fond. — Les professeurs de la pêche à la ligne préconisent les amorces de fond comme l'un des moyens de succès les plus certains. En effet, deux personnes pêchant dans les mêmes eaux, celle qui aura employé l'amorce de fond réussira complète-

ment, tandis que son voisin verra ses amorces mé-
prisées et sa flotte immobile.

Pour que l'amorce de fond ait un grand effet, il est
indispensable d'amorcer dès la veille au soir. Le lendemain, de grand matin, on trouvera l'endroit amorcé
entouré de nombreux poissons attirés par le festin
splendide qu'on leur a offert, et dont ils cherchent
çà et là les débris. Jetez alors votre ligne convenablement amorcée, et vous verrez avec joie le poisson
mordre à l'envi sur la nouvelle proie que vous lui
offrez.

Ne jetez jamais d'amorces de fond plus de six ou
sept heures d'avance et ayez toujours soin de choisir
un endroit où vous êtes certain de ne pas être devancé
par l'un de ces individus qui aiment à récolter là où
ils n'ont point semé.

Remarquons en passant que, jetée trop longtemps
d'avance, la pâte s'aigrit et n'a plus le pouvoir d'attirer les poissons, si elle n'a pas été entièrement
mangée.

La plus simple des amorces de fond est formée avec
de la terre grasse, que l'on trouve au bord des rivières, pétrie avec du son. On en forme de petites
boules de la grosseur d'un œuf de pigeon, et on les
jette à l'endroit où l'on se propose de pêcher.

Si le courant y est rapide, on insère une pierre au
milieu de chaque boulette afin que celle-ci ne soit pas
emportée par l'eau.

Voici une autre amorce de fond plus compliquée,
et qui est excellente pour la carpe, le chevenne, la
vandoise et le gardon.

Prenez la mie d'un pain d'un ou deux kil. ; coupez-
la en morceaux d'une grosseur telle que vous puissiez

en tenir un dans la main fermée ; faites-les tremper dans de l'eau, puis comprimez-les de manière à en exprimer presque toute l'eau. Ajoutez-y autant de son et de recoupe ; pétrissez ou plutôt battez le tout avec soin en sorte que votre amorce devienne presque dure comme de la pierre.

Pour amorcer le barbeau, ajoutez à votre mélange 125 grammes de pain de cretons écrasé et presque réduit en poussière.

Une pelote de terre glaise, garnie d'asticots, est une amorce productive dans les eaux courantes. On s'en sert au moment de pêcher et on la jette un peu au-dessus de la place qu'on a choisie, afin que le courant la ramène devant vous.

Si vous pêchez dans un étang, vous n'aurez pas besoin d'envelopper vos asticots dans des boules de terre glaise ; vous vous contenterez d'en jeter par poignées devant vous.

Du sang caillé et des débris de tuerie, renfermés dans un filet à mailles serrées, que vous ferez descendre et stationner au fond de l'eau au moyen de la grosse pierre, que vous y avez attachée, sont le meilleur appât pour les chevennes. On ne l'emploie guère que dans les eaux courantes.

Des boulettes de la grosseur d'une pomme, faites avec des pommes de terre cuites et écrasées, mêlées avec du son ou de la farine d'orge, conviennent dans une eau dormante pour la carpe, le gardon et la vandoise. Une pincée d'asticots enfermée dans la boulette rend le succès encore plus certain. Vous ferez également, pour les mêmes eaux et les mêmes poissons, une bonne amorce de fond avec de l'orge que vous laisserez bouillir peu de temps et que vous mêlerez à de la mélasse, de manière à former des boulettes.

Appâts artificiels. — Ils servent pour la *pêche à la mouche artificielle* dont nous avons parlé plus haut. Les marchands d'ustensiles de pêche tiennent toutes les espèces de mouches et autres insectes artificiels, mais on peut les fabriquer soi-même, avec de la soie, de la laine et des plumes.

Appâts artificiels.

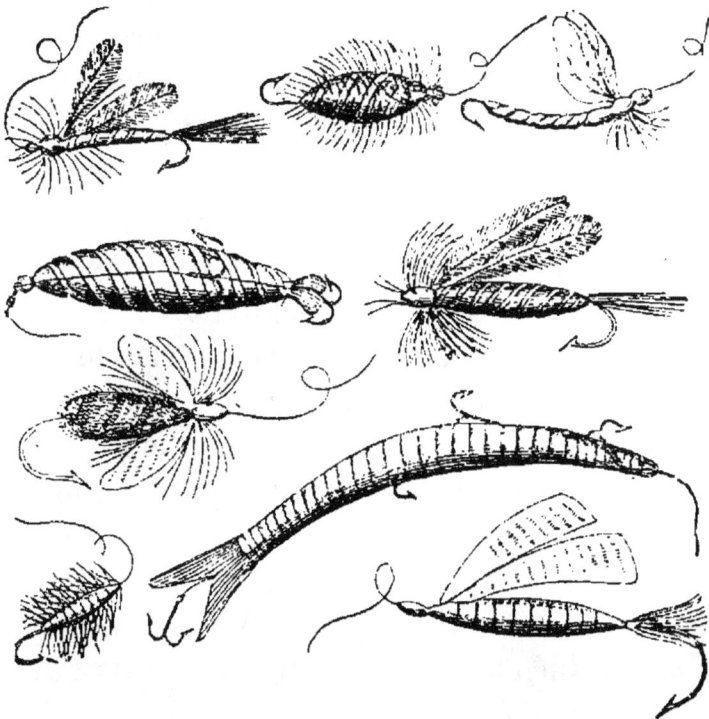

Nous pourrions bien décrire ici la manière de procéder pour arriver à cette imitation de la nature, bien imparfaite, sans doute, à nos yeux, quoique suffisante pour des poissons; mais les longues explications dans lesquelles nous serions obligés d'entrer, fatigueraient le lecteur qui finirait peut-être par n'y rien comprendre, tandis qu'un coup d'œil jeté sur les mouches et autres insectes artificiels que tiennent les marchands, lui en apprendra dix fois davantage.

Nous montrons dans la figure ci-contre les diverses espèces de mouches et insectes artificiels.

Tableau des amorces propres à chaque espèce de poisson, et époque de leur pêche.

La *Carpe*. — De mars en septembre ; vers de terre, vers blancs à queue, vers de viande, vers rouges, blé cuit, fèves cuites, chènevis cuit, boulettes, queues d'écrevisses, goujons et autres petits poissons.

La *Tanche*. — De mai en septembre ; vers de terre, vers blancs à queue, vers rouges, blé cuit, fèves cuites, chènevis cuit, boulettes, queues d'écrevisses.

Le *Barbeau*. — De juin en septembre ; vers de terre, vers blancs à queue, vers blancs de viande, fromage de gruyère, boulettes, rate cuite, goujons, petites lamproies. De juin au mois d'août, vers d'eau. Pendant août et septembre, vers rouges, viande cuite et queues d'écrevisses.

La *Brême*. — D'avril en août ; vers de terre, vers blancs à queue, vers blancs de viande, vers rouges, vers d'eau, blé cuit, fèves cuites, chènevis cuit, boulette, queues d'écrevisses.

Le *Chevenne*. — De juin en décembre ; janvier et février, vers de terre, vers blancs de viande ou asticots, vers rouges, sauterelles, grillons de boulanger, mouches communes, grosses mouches, demoiselles, vers d'eau, corps de papillons, blé cuit, fèves cuites, fromage de gruyère, boulettes, viande de bœuf, rate crue, sang caillé, queues d'écrevisses, morue dessalée. En juin. différentes chenilles sans poil, vers de farine, hannetons. En juillet et août, cerises, groseilles à maquereaux, raisin. cervelle de veau crue ou cuite.

Le *Gardon*. — D'avril en novembre; asticots, vers blancs à queue. vers rouges, sauterelles, ver de farine, mouches communes, grosses mouches, demoiselles, boulettes, queues d'écrevisses. En juin, juillet et août. vers d'eau, blé cuit.

La *Vandoise*. — D'avril en novembre; vers blancs à queue, asticots, vers rouges, sauterelles. mouches communes, vers d'eau, blé cuit, queues d'écrevisses.

Le *Goujon*. — D'avril en octobre; vers blancs à queue. asticots, vers rouges, boulettes.

La *Perche goujonnière*. — Comme le goujon; vers blancs de viande, vers rouges, boulettes, queues d'écrevisses.

L'*Ablette*. — D'avril en septembre; vers blancs à queue, asticots, vers rouges, mouches communes, vers d'eau, blé cuit, sang caillé.

Le *Véron*. — Vers rouges, boulettes.

La *Loche*. — Vers rouges, boulettes.

La *Bouvière*. — Ne se pêche pas, sert d'amorce.

L'*Ombre*. — De mars en août; vers de terre, mouches communes, queues d'écrevisses.

La *Truite*. — De mars en août; vers de terre, vers d'eau, hannetons, queues d'écrevisses, goujons et autres petits poissons, mouches communes, cousins. viande de poissons morts. En mars et avril, vers rouges, mouches artificielles. De mai en août, grosses mouches, sauterelles.

La *Truite saumonnée*. — De mars en août: queues d'écrevisses, goujons et petits poissons.

Le *Saumon*. — De mars en août, vers de terre, vers rouges, queues d'écrevisses, petits goujons et autres petits poissons.

L'*Éperlan*. — D'avril en septembre; vers blancs à queue, asticots, mouches communes.

La *Lotte*. — Boulette, queues d'écrevisses.

L'*Alose*. — Queues d'écrevisses.

La *Lamproie*. — Queues d'écrevisses.

Le *Brochet*. — Viande de bœuf cuite, viande de veau, rate crue, queues d'écrevisses, poissons morts. De janvier en avril et d'octobre en décembre; petites grenouilles, goujons et les autres petits poissons vivants. De mai en septembre, goujons et petits chevennes.

La *Perche*. — De juin en décembre; vers de terre, vers rouges, viandes de bœuf et de veau cuites, rate crue, viande de poissons morts. De juin à septembre, petits poissons vivants.

L'*Anguille*. — De mai en août; vers de terre, vers rouges, limaces, fèves cuites, viande de bœuf cuite, goujons et petits poissons vivants.

Le *Chabot*. — Asticots, vers d'eau, boulettes.

L'*Épinoche*. — Larves.

L'*Écrevisse*. — Viande quelconque, grenouilles écorchées, chair corrompue.

La *Grenouille*. — Vers, mouches, papillons, hannetons, cœur de bœuf, entrailles de grenouilles, drap rouge, etc.

VOCABULAIRE DU PÊCHEUR

Beaucoup de termes employés par les pêcheurs étant peu connus, nous pensons faire une chose utile en en donnant l'explication.

En général nous ne répéterons point ici ceux qui ont déjà été suffisamment expliqués.

Achée, vers avec lesquels les pêcheurs amorcent les hains.

Accon, petit bateau plat, très-léger et carré par derrière ; on s'en sert pour aller sur les vases.

Aleviniers, petits étangs destinés à élever de l'alevin, pour peupler les grands étangs.

Alevin, carpe de trois ans de 16 centimètres de longueur.

Appelet, corde garnie de lignes ou empiles et de hains.

Arondelle, corde garnie de lignes latérales, qui porte des hains, et qu'on fixe sur le sable par de petits piquets.

Aumées, nappes à grandes mailles faisant partie des tramaux.

Bachotte, petit baquet servant au transport des poissons vivants.

Bannière, partie de la ligne au-dessus de la flotte.

Bascule ou *boutique*, bateau au milieu duquel se trouve un coffre ou vivier rempli d'eau pour transporter à flot le poisson d'eau douce, en vie.

Bat. On mesure la longueur des poissons entre œil et bat, ce qui se prend depuis le coin de l'œil jusqu'à l'angle de la fourchette de la queue.

Bichette, filet qui ne diffère du haveneau que parce que le filet, au lieu d'être monté sur deux perches droites, l'est sur deux perches courbes. On s'en sert dans plusieurs pêches.

Billottée, vente des poissons d'un étang par lot, ce qui a lieu pour les blanchailles ou petits poissons.

Bire, *Bure* ou *Bouteille*, sorte de nasse que les pêcheurs de la Seine mettent au bout de leurs guideaux.

Blanchaille, petits poissons blancs tels que meuniers, ablettes, vandoises, etc.

Bonde d'un étang, espèce de gros robinet qu'on établit au milieu de la chaussée, à la partie la plus basse, pour retenir exactement l'eau quand elle est fermée.

Bricole, ligne attachée à un pieu qui porte à son autre bout un ou plusieurs hains amorcés.

Canon, bâton que l'on ajoute au bout des seines pour tenir le filet tendu.

Carelet, c'est l'échiquier.

Castration du poisson, opération aisée à faire, par laquelle on prétend que sa chair devient plus délicate et de meilleur goût.

Chatouille, sorte de petite lamproie qu'on trouve dans la vase et qui sert d'amorce.

Cinq-port-net, filet carré ressemblant à une cage et présentant cinq portes ou entrées.

Coiffe, filet évasé à grandes mailles qu'on met à l'embouchure d'un filet en manche pour déterminer le poisson à y entrer.

Déchargeoir, endroit par où s'échappent les eaux d'un étang qui est trop plein.

Dégorger, tenir les vers dans de la mousse pour les raffermir.

Dévriller, détordre la ficelle qui se vrille.

Esche, escher ; ces mots viennent d'achées, nom du ver de terre, ils signifient *amorce, amorcer*.

Enferrer, se dit de l'amorce vivante que l'on enfile avec l'hameçon.

Épine-vinette, métamorphose du ver à viande (asticot) qui se convertit en une nymphe d'un rouge cerise, qui sert d'appât.

Ferrer. V. *Piquer.*

Feuille, nom d'une carpe avant qu'elle ait trois ans ; se dit aussi des petits poissons d'étang plus petits que l'alevin.

Fichure, pêche à la fouane ou au harpon.

Filet à anguille ; filet ressemblant au verveux, mais plus grand et muni de plusieurs goulets.

Filet à corne, il ressemble au tramail ; mais il n'a qu'une aumée à la flue.

Filet sur pieu, filet maintenu par des pieux ; il sert à prendre le saumon.

Flue. Le tramail est composé de trois rets posés les uns devant les autres : les deux rets extérieurs à grandes mailles se nomment les aumées ou hamaux, et celui qui est renfermé entre les deux s'appelle la flue, la nappe ou la toile.

Frae, nom que l'on donne aux œufs des poissons.

Glini, panier ouvert dont se servent les pêcheurs pour mettre le poisson qu'ils ont pris.

Gaulet, filet en forme d'entonnoir que l'on place à l'entrée des verveux afin que le poisson puisse y entrer et n'en puisse plus sortir.

Hains, hameçons.

Hamaux. V. *flue*.

Haï, tournoiement d'eau que l'on voit dans les courants : on choisit ces places pour y placer les verveux.

Jeux, sorte de pêche à la ligne de fond.

Libouret, pêche qui se pratique avec une ligne enfilée dans un trou pratiqué au bout d'un morceau de bois qui, à son autre extrémité, porte plusieurs empiles garnies d'hameçons. On place un poids au bout de cette ligne.

Manet, nappe simple, dont les mailles sont en rapport avec la grosseur du poisson que l'on se propose de prendre : ce filet se tend en ravoir et en pleine eau, pierré et flotté.

Meunier, nom donné au chevenne parce qu'il se pêche près des moulins ou peut-être parce qu'il a la chair blanche.

Moulées, rassemblement de jeunes poissons.

Montée, rassemblement innombrable de petites anguilles qui, au mois d'avril, envahit l'Orne, à Caen.

Nappe. V. *flue.*

Pariau, grosse pierre qu'on attache à chaque extrémité du cordeau de nuit.

Pantène, filet ou nasse destiné à retenir les anguilles.

Panier de bonde, sorte de nasse que les meuniers mettent à leur vanne de décharge.

Perchettes, filet monté sur un cadre de bois garni d'un manche, servant à pêcher les écrevisses.

Pesée. Dans les grandes chaleurs quelques poissons prennent paresseusement l'amorce et la tirent avec nonchalance, c'est ce qu'on appelle pesée.

Piquer, tirer vivement sur l'hameçon à l'instant où le poisson mord.

Plombée, plomb d'une ligne de fond.

Poële, trou qu'on pratique auprès de la bonde pour servir de retraite au poisson lorsque l'on vide l'étang.

Quinque-porte, verveux présentant cinq portes ou entrées.

Rafle, verveux ayant plusieurs entrées.

Ravoirs, filets tendus en travers des ravins et des courants. Tous les filets se tendent en ravoir, les seines, les manets, les tramaux, etc., suivant l'espèce de poisson que l'on pêche.

Roussaille, petits poissons d'étang. V. *Blanchaille.*

Rousture, manière de raccommoder une ligne cassée sans faire de nœud.

Soutenir, c'est tenir la ligne légèrement tendue, lorsque certains poissons commencent à mordre. Cet

état de tension, qui doit précéder le moment de piquer rend cette dernière action plus soudaine et plus
efficace.

Toile. V. *Flue*.

Trawl, sorte de grand filet employé en Angleterre.

Tiercelet, c'est la même chose qu'un avelin.

Trainée, sorte de pêche à la ligne de fond.

Vriller, se dit d'une ficelle qui s'emmêle par sa détorsion.

CHAPITRE IV

Carpe (*Cyprinius carpio*).

Ce poisson est l'espèce la plus remarquable du genre cyprin, dans lequel on classe aussi le barbeau, la tanche, le gardon, le goujon, la brême, le chevenne, la vandoise, l'ablette et le joli poisson rouge de la Chine. Dépourvus de dents, ils sont les moins carnassiers des poissons et se nourrissent d'herbes, de graines, de frai et de jeunes pousses de plantes aquatiques.

La carpe est trop connue pour que nous décrivions minutieusement le nombre des rayons de ses nageoires, la forme de ses écailles et cent autres particularités ichthyologiques qui trouveraient mieux leur place dans un cours d'histoire naturelle. Bornons-nous à ce qui peut intéresser l'amateur de pêche.

Ce poisson est l'un des produits les plus utiles et les plus abondants de nos rivières, de nos lacs et de nos étangs, et l'on peut ajouter l'un des plus connus, car ses habitudes ont fourni dans le langage familier des comparaisons pittoresques [1]. La taille de la carpe

---

[1] On dit faire le saut de carpe, se pâmer comme une carpe, bâiller comme une carpe.

varie entre trente et soixante centimètres, quoiqu'on en ait vu qui avaient presque un mètre de l'œil à la naissance de la queue. Tout le monde a entendu par-

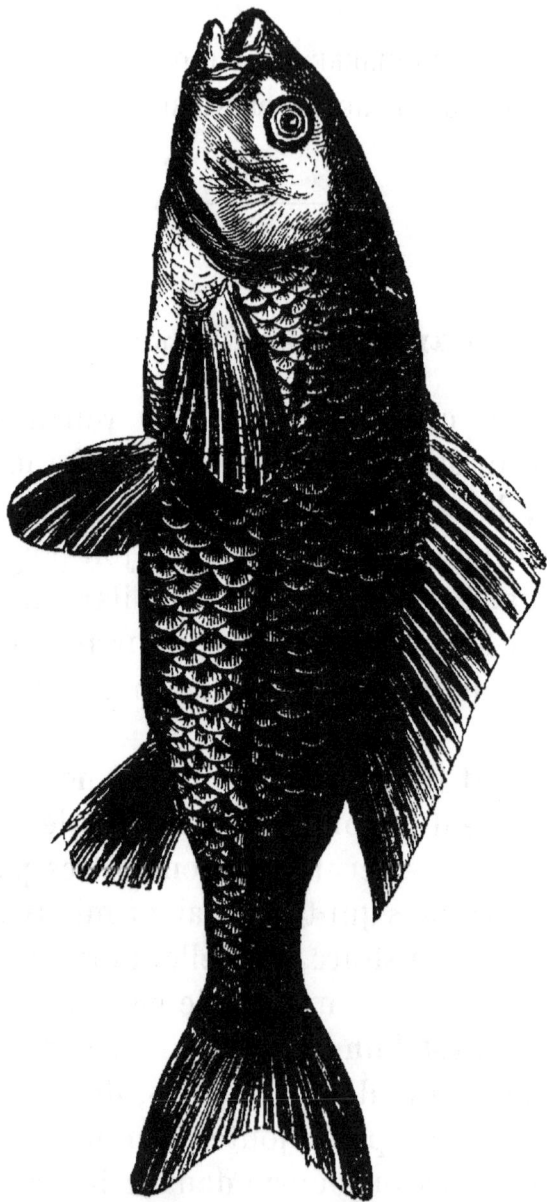

ler des carpes du Rhin dont la plupart parviennent à une grandeur monstrueuse.

On pêche la carpe dans les eaux douces, soit courantes, soit dormantes. On la rencontre dans les rivières, les lacs, les étangs, et même dans les marais ; elle est friande de mie de pain, et souvent dans les viviers elle s'accoutume à recevoir des distributions journalières, en sorte qu'à l'heure des repas elle ne manque pas de quitter le fond des eaux pour venir chercher sa pâture à leur surface.

Qui n'a vu les carpes de Fontainebleau se diriger vers le visiteur et attendre les morceaux de pain qu'on ne manque guère de lui jeter ! C'est dans la grande pièce d'eau de ce palais ou à Chantilly qu'on voit ces poissons énormes dont la blancheur et la rareté des écailles témoignent de l'âge. Au reste, on est fondé de croire que la carpe peut vivre un siècle.

On pourrait s'étonner de la multiplication de ce poisson en considérant le nombre de ses ennemis, si on ne songeait à sa puissance de reproduction. Les observations du savant Malthus nous apprennent que l'ovaire d'une carpe de quarante-huit centimètres de longueur renferme 342,144 œufs.

Ce qu'il y a de plus curieux chez ce poisson est l'extrême complication des organes destinés à la respiration ; le nombre de parties dont cet appareil se compose, et qui toutes concourent au même but, est de dix-sept mille quatre cents, en os, muscles, nerfs, artères, veines et vaisseaux.

La profusion infinie avec laquelle le Créateur a pourvu. chez la carpe, aux besoins de la respiration, explique peut-être pourquoi, presque seule d'entre tous les poissons, elle continue à vivre hors de son élément.

Pourvu qu'on les tienne dans un endroit où leur

respiration ne soit pas gênée, les carpes peuvent
vivre longtemps hors de l'eau. C'est ce que prouve
d'ailleurs la manière dont on les engraisse, dit-on,
en Hollande et en Angleterre. On les place dans un
filet sur de la mousse humide, la tête en dehors ;
on les suspend à la cave et on les nourrit de pain
blanc trempé dans du lait.

Au reste, la carpe a la vie très-dure. Lorsqu'on la
retire de l'eau elle périt moins par la privation de son
élément, que parce qu'une matière gélatineuse, se-
crétée par la membrane qui recouvre ses ouïes, les
oblitère et l'empêche de respirer ; si, alors, on plonge
dans l'eau l'animal asphyxié, le ventre en dessous, la
matière gélatineuse s'amollit et finit par céder aux
efforts que l'on voit faire à la carpe pour respirer.

On peut envoyer les carpes au loin en les envelop-
pant dans des herbes fraîches et surtout dans l'ortie
blanche (*lamium album*). On les place chacune dans
des compartiments, le ventre en dessus, afin qu'elles
ne puissent faire aucun mouvement ; mais, avant de
les envelopper d'herbes, on soulève légèrement les
ouïes et on y insère une tranche de pomme pelée, qui
les maintient ouvertes et n'empêche pas la respiration.

La carpe n'est point également bonne dans toute
saison : elle est maigre et sans saveur aux mois de
mai et d'août, époques où elle fraie, mais elle est à
point aux mois de mars et d'avril.

Elle dépose ses œufs dans les lieux couverts d'herbes. Une femelle est ordinairement suivie de plusieurs mâles. A cette époque, elles quittent les eaux
courantes pour des eaux tranquilles, car le frai de la
carpe ne réussit que dans celles-ci ; elles ne peuvent
même se multiplier dans un étang traversé par une

source. « Si dans cette espèce de voyage annuel, dit
M. Kretz aîné, elles rencontrent un obstacle, tel
qu'une grille ou un batardeau, elles s'efforcent de le
franchir. Pour cela, elles montent à la surface de l'eau,
se placent sur le côté, et, rapprochant de leur tête
l'extrémité de leur queue, elles forment un cercle ;
puis, s'étendant tout à coup, elles frappent en même
temps l'eau du milieu de leur corps, et sautent ainsi
par-dessus l'obstacle qui s'oppose à leur passage : on
prétend qu'elles peuvent franchir ainsi un hauteur
de plusieurs pieds. »

Les petits des carpes portent le nom de *feuilles* pendant les deux premières années. Après trois ans on
les nomme *alevins* ou *tiercelets*. C'est alors qu'on les
prend pour empoissonner les étangs.

Les carpes qui habitent des eaux vives sont supé-
rieures aux carpes des étangs, et surtout à celles
qu'on pêche dans des étangs vaseux. Celles-ci ont un
goût de bourbe qui empêche qu'on ne les mange,
avant de les avoir fait dégorger dans de l'eau vive
pendant une huitaine de jours. On recommande également de faire avaler à la carpe, qui est dans ces
conditions, un verre de fort vinaigre. Il s'établit alors
sur le corps de l'animal, qui ne tarde pas à mourir,
une transpiration qu'on enlève en même temps qu'on
gratte les écailles. Alors, dit-on, la chair de la carpe
se raffermit et son goût n'est point inférieur à celui
des carpes pêchées dans l'eau vive.

Nous avons dit quelle était la nourriture des carpes ;
elles nagent souvent à la surface de l'eau pour saisir les insectes ailés. Durant l'hiver elles se vasent,
réunies à côté les unes des autres, et y passent les
grands froids dans une sorte d'engourdissement et
sans prendre aucune nourriture.

Ce poisson est tellement glouton que quelquefois il meurt pour avoir trop mangé. C'est pourquoi on mesure les rations à ceux qu'on nourrit dans les viviers. On leur jette des épluchures de salade, des pommes de terre, des restants de légumes cuits, des morceaux de pain ramassés sur les tables qu'on dessert. Dans les grands étangs on y joint de l'orge cuite et des larves de mouches.

Pêche de la carpe. — Pour pêcher la carpe employez la canne, figure 3 page 15, garnie d'un moulinet. La ligne sera en crin et soie tordus. Ayez des hameçons n° 5 ou 6, montés sur boyau de ver à soie, et même des hameçons plus fins si vous jugez qu'ils suffisent pour la force des carpes; car c'est un poisson rusé et soupçonneux; le piége doit être aussi peu apparent que possible, et, pour réussir à le prendre à la ligne, il faut beaucoup d'adresse et de patience. Choisissez les flottes 5, 6 ou 7, pages 21 et 22, et garnissez votre ligne d'un nombre de petits plombs proportionné au poids que peut porter la flotte.

Au mois de février, les carpes sortent de leur engourdissement et commencent à manger dans les rivières; mais, dans les étangs, cela n'arrive souvent qu'au commencement de mai; de là jusqu'au mois de juin, elles mordent avidement à l'appât, à toute heure de la journée. De juin à septembre, vous réussirez peu à en prendre dans le milieu de la journée, à moins que vous ne vous mettiez à pêcher après une petite pluie, mais le matin et le soir elles pourront mordre; de septembre au mois de février, vous ne devez guère espérer d'en prendre.

Le meilleur appât en mars et avril est le ver rouge,

dont il ne faut mettre qu'un seul à l'hameçon, le blé
cuit et la pâte à amorcer (V. p. 43). Vers l'automne,
employez pour appât de la mie de pain pétrie avec
du miel. Si vous pêchez en eau courante, vous ne
devez pas craindre de cacher entièrement votre hameçon dans une boulette de pâte de la grosseur d'une
noisette, mais si votre pêche a lieu dans une eau
dormante, gardez-vous en bien, car la carpe mor-
dillera adroitement la pâte et évitera l'hameçon.

La carpe est un poisson défiant et rusé ; n'appro-
chez point trop près du bord lorsque vous pêcherez,
et ayez le soin d'amorcer le fond dès la veille au soir,
pour venir pêcher le lendemain de bon matin, et cela,
pour n'être pas obligé d'agiter et de troubler l'eau au
moment de la pêche.

Quand vous pêchez dans une eau courante, piquez
à l'instant où vous verrez que le poisson mord ; mais
dans une pièce d'eau ou un étang la carpe se donne
plus de loisir ; ne vous pressez pas autant et laissez-
lui le temps nécessaire pour se bien prendre à l'hameçon.

Dès que le poisson sera ferré et qu'il commencera
à tirer sur la ligne, ne brusquez rien ; dévidez votre
moulinet et laissez la carpe s'éloigner, puis rappro-
chez-la en douceur. Écartez-la surtout des herbes
où elle cherchera indubitablement à entortiller la
ligne pour la rompre et se débarrasser de vous. Il
faut ici d'autant plus d'adresse et de patience au pêcheur que la carpe, dans l'eau, est aussi rusée que
forte et agile.

La pêche aux lignes dormantes est très-avantageuse
avec la carpe, car dans cette pêche on peut s'éloigner assez du bord de l'eau pour que, complétement

rassurée, elle s'approche et morde à vos hameçons ; mais ayez soin de bien fixer votre canne, car une grosse carpe ayant mordu, son premier mouvement sera de fuir avec une vitesse incroyable jusque vers le milieu de l'étang, entraînant votre canne, qui serait peut-être perdue pour vous.

Quelques pêcheurs savent prendre les carpes avec un collet. Ce collet est un nœud coulant en fil de laiton très-délié et recuit. On l'attache au bout d'une canne et on le passe autour du corps du poisson lorsque, dans l'été, on le voit endormi presqu'à fleur d'eau. On ne tire le nœud coulant qu'au moment où sa tête est engagée, en sorte que, en serrant le collet, on retiendra le poisson, par les ouïes. Mais ce mode de pêcher demande beaucoup d'adresse et de grandes précautions ; au moindre bruit la carpe se réveille et disparaît.

Un moyen plus sûr de pêcher les carpes est l'emploi du filet. La seine, le tramail, la louve, ou verveux à double entrée, et surtout l'épervier réussissent généralement mieux que la ligne avec un poisson aussi défiant ; quant à la seine, elle présente un inconvénient, c'est que la carpe, pourvue d'une force musculaire remarquable, franchit aisément le filet et échappe au pêcheur ; ou bien elle s'enfoncera dans la vase et laissera passer la senne par-dessus elle.

Nous terminerons nos avis sur la pêche de la carpe en recommandant aux amateurs de bien visiter leur ligne avant de jeter l'hameçon à l'eau, car elle romprait sous les efforts de la carpe si elle présentait des parties faibles.

Tanche (*Cyprinus tinca*).

La tanche est remarquable par la petitesse de ses

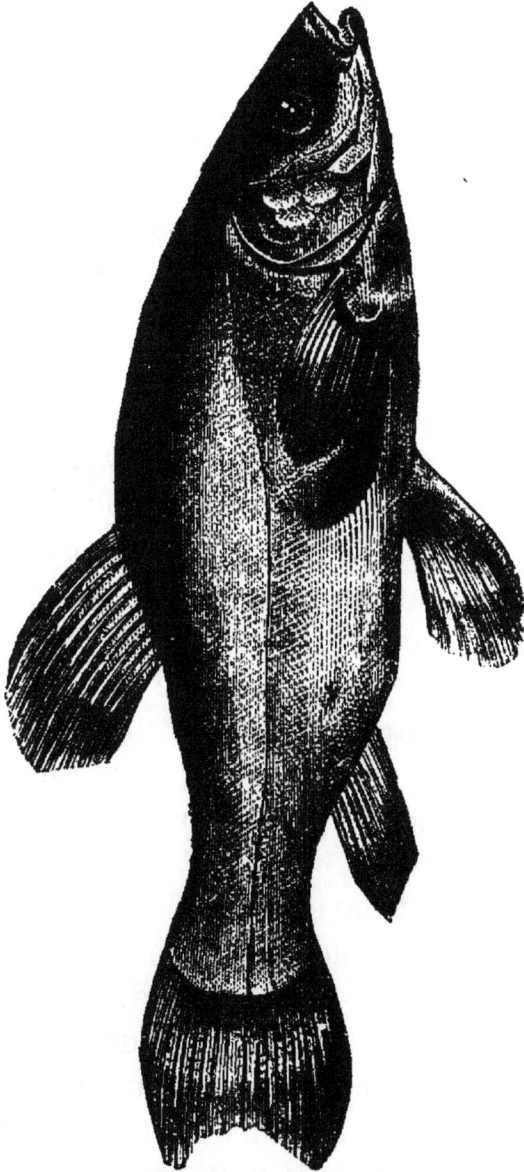

écailles, que recouvre un enduit visqueux. Sa grosseur
est inférieure à celle de la carpe ; son poids ordi-

naire est de 500 grammes à un kilogramme ; sa tête
est grosse, son dos est arqué, sa couleur qui varie
beaucoup est plus ou moins foncée suivant les eaux
qu'elle habite. En général elle est d'un brun verdâtre, plus obscur chez les femelles. Quelquefois on y
remarque des teintes dorées. Les nageoires sont
épaisses et violettes.

Il est peu de poissons d'eau douce sur lesquels on
ait rassemblé plus d'absurdités que sur la tanche.
Dans un traité sur l'art de la pêche on l'appelle le
médecin des poissons, prétendant que les autres poissons, et particulièrement le brochet, se guérissent de
leurs blessures en se frottant contre le corps de la
tanche, dont la mucosité de la peau est pour elle et
pour les autres, un spécifique assuré. Ailleurs on dit
que coupée en morceaux et placée sous la plante des
pieds, elle guérit de la peste et de la fièvre chaude ;
qu'appliquée vivante sur le front elle dissipe les maux
de tête ; que placée sur la nuque elle calme l'inflam-
mation des yeux ; qu'elle guérit de la jaunisse en l'ap-
pliquant sur le ventre ; que son fiel chasse les vers, etc.
Nous ne rapporterions pas ces contes ridicules si on
ne les trouvait dans la plupart des livres qui traitent
de la pêche.

Les tanches se trouvent dans les rivières, les lacs
et les étangs, mais elles ne prospèrent que dans les
rivières herbeuses et dans les étangs à fond vaseux.
L'hiver elles s'enfoncent dans la bourbe. Aux approches de l'été elles déposent leurs œufs dans les places
couvertes d'herbes ; ces œufs sont verdâtres et fort
petits. Block, ayant eu la patience de compter ceux
d'une femelle, en a trouvé 297.000.

La chair de la tanche est inférieure à celle de la

carpe. On ne doit manger ce poisson qu'après l'avoir fait dégorger pendant près d'une semaine dans une eau vive et limpide, ce qui lui enlève le goût de vase.

Pêche de la tanche. — C'est le soir et le matin que les tanches mordent le mieux ; cependant, en été, par un temps chaud et lourd, ou après une petite pluie, elles prennent l'hameçon dans la journée. Il est bon que l'appât soit près du fond, en raison de leurs habitudes. La petite limace des jardins et les vers de terre bien purgés sont de bons appâts pour elle. En été choisissez les endroits remplis d'herbes et laissez tomber votre appât dans tous les intervalles que vous verrez entre ces herbes. Dans ce cas la ligne doit être sans flotte, mais ajoutez-y quelques plombs pour faire descendre l'appât. Servez-vous, pour une telle pêche, d'hameçons 7 ou 8, et quand vous sentirez que le poisson mord et fait filer votre flotte, piquez vivement.

Au reste, employez pour la tanche les mêmes lignes, cannes et hameçons que pour la carpe. Vous vous servirez avec succès des lignes dormantes pour cette pêche.

La tanche se prend dans les nasses en mettant pour amorce du sang caillé mêlé de son.

Barbeau (*Cyprinus barbus*).

Ce poisson est remarquable par quatre barbillons dont deux e chaque côté de la lèvre supérieure et deux aux commissures des lèvres.

Son corps est plus allongé et plus arrondi que celui de la carpe. Ses écailles, moins grandes, sont

brillantes, nacrées et nuancées de couleurs olivâtres
sur le dos d'un peu dé bleu sur le côté. Sa nageoire
dorsale tire sur le blanc,
les autres ont une teinte
rougeâtre. Le barbeau peut
vivre quatre ou cinq heu-
res hors de l'eau.

On trouve ce poisson
dans toutes les rivières de
la France et même de l'Europe, il a communément
35 à 50 centimètres de longueur. Cependant, il s'en
est trouvé d'un mètre de
longueur et qui pesaient
9 ou 10 kilogrammes, mais
cela est rare.

Ce poisson, qui redoute
le grand froid et l'extrême
chaleur, abonde principa-
lement dans les parties mé-
ridionales de l'Europe. Il
se plaît dans les rivières à
cours rapide et à fond ro
caillleux ; il aime à se cacher sous les pierres et sous
les saillies que font certaines rives rongées en dessous par les eaux. Sa nourriture consiste en insectes,
vers, débris de cadavres, etc.
La vie du barbeau est d'une
longue durée, car il ne commence à frayer que dans

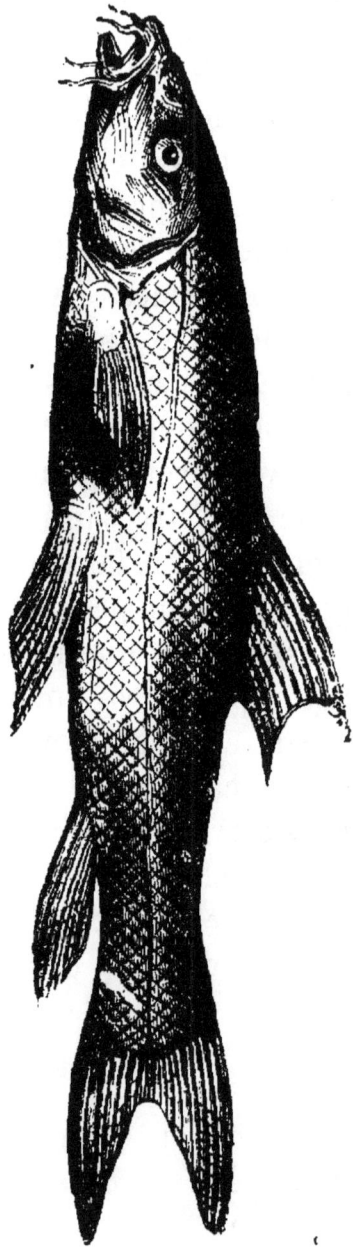

sa quatrième ou cinquième année. Il dépose au printemps ses œufs sur des pierres, dans l'endroit le plus rapide du courant. Sa chair est excellente et tient une place distinguée dans les matelotes.

Quand il est petit, on lui donne le nom de barbillon.

On assure que les œufs du barbeau sont malfaisants comme ceux du brochet. Block, ichthyologiste célèbre, assure qu'ils sont aussi salubres que ceux de la carpe. Bosc, dans le Dictionnaire d'histoire naturelle, affirme en avoir mangé sans inconvénient, tandis que d'autres savants citent des cas où ces œufs ont produit des symptômes d'empoisonnement. Peut-être y a-t-il une époque, un moment, où ils deviennent vénéneux ; quoi qu'il en soit, le plus sage est de s'en abstenir, d'autant plus que le goût de ces œufs n'a rien de bien agréable.

Pêche du barbeau. — Vous prendrez pour la pêche du barbeau la canne, figure 1, page 15, et une forte ligne en crin et soie ; les hameçons des nos 1 à 10 doivent être renforcés et solidement empilés sur boyau ; vous pourrez employer la flotte, figure 4, page 21 ; placez quelques plombs à 25 centimètres au-dessus de votre hameçon.

Durant l'été vous pourrez vous servir de pelotes de terre mêlées d'asticots et de crottin de cheval pour amorcer le fond, et vous garnirez votre hameçon de deux asticots, car le barbeau ne mord jamais au ver rouge pendant l'été.

Au printemps et à l'automne vous amorcerez fructueusement avec le ver rouge ; prenez pour cela les hameçons nos 7 ou 8, et mettez un seul ver sur chaque hameçon.

Mais la pêche la plus fructueuse du barbeau se fait avec la ligne à soutenir (Voyez page 32, l'article sur cette pêche). Prenez pour cela un scion de baleine emmanché (*fig.* 1, page 15), auquel vous fixerez une ligne de soie écrue de 10 à 15 mètres de long, et le plomb n° 7 ou 8, placé à soixante centimètres de l'hameçon; le poids de ce plomb doit être proportionné à la force du courant.

Votre ligne, qui chez les marchands porte le n° 4, et qui est spéciale pour la pêche du barbeau, est garnie d'un hameçon n° 3 à 5 empilé sur quatre boyaux de ver à soie tordus ensemble.

Amorcez votre hameçon avec de la viande maigre de bœuf, du fromage de gruyère ou des vers de latrines. Tant que vous ne sentirez que des tiraillements, de petites secousses séparées par des intervalles inégaux, vous aurez lieu de présumer que c'est quelque barbillon qui ronge autour de l'amorce et vous ne ferez aucun mouvement, mais lorsque vous sentirez sur votre scion un appui ou une traction continue, vous piquerez ferme, sans crainte de déchirer la bouche du barbillon, qui est garnie d'une membrane fort dure. Ce poisson, doué d'une grande force, se débattra beaucoup lorsque vous voudrez le tirer hors de l'eau, mais opérez hardiment : votre ligne de fond est solide et la bouche du poisson résistante.

Vous pouvez encore pêcher des barbillons avec la ligne à soutenir dans les pelotes ; vous préparerez vos pelotes comme il est indiqué à la page 33, en remarquant que votre hameçon doit être empilé sur la soie de la ligne et que le plomb n'en doit être qu'à la distance de 6 centimètres.

Cette pêche se fait seulement la nuit et pendant

l'absence de la lune. Vous commencerez par former une pelote grosse comme les deux poings, vous la garnirez abondamment d'asticots et vous lui donnerez assez de consistance pour qu'elle puisse arriver au fond de l'eau sans se défaire.

Vous aurez choisi pour votre pêche une eau profonde que vous aurez mesurée avec la sonde. Si vous trouvez une profondeur de cinq mètres, vous en donnerez huit ou neuf de longueur à votre ligne, qui doit être très-peu flottante au-dessus de l'eau, afin de percevoir promptement le moindre attouchement du poisson. La pelote dans laquelle vous engagerez l'hameçon, sera de la grosseur d'un œuf de pigeon et garnie de vingt à trente vers. Vous roulez la pelote dans vos mains et vous la laissez descendre à fond avec le plomb et l'hameçon. En général, votre pelote aura disparu au bout de dix minutes. Si elle ne vous a procuré aucune capture, vous recommencerez sans vous décourager.

Nous avons dit, plus haut, qu'en raison de ce que la pelote se dissout dans l'eau, les vers, que le courant entraîne, éveillent l'attention des poissons ; ils remontent le courant et trouvent la pelote : ils la remuent pour manger les vers qui en sortent, et ils finissent par la briser. Alors, apercevant l'hameçon tout garni de vers, ils se jettent dessus et l'avalent.

On pêche également les barbeaux avec des lignes de fond dites *jeux*. Nous avons décrit cette pêche à la page 35 ; nous ajouterons seulement qu'on amorce les hameçons avec du vieux fromage de gruyère qu'on a laissé tremper pendant vingt-quatre heures dans de l'urine avec des gousses d'ail.

On tend ses jeux dans une eau courante et on les relève de demi-heure en demi-heure, pour enlever le poisson pris et remplacer les amorces enlevées.

On peut pêcher ce poisson avec des lignes de nuit qu'on amorcera avec de la viande de bœuf cuite, du fromage de gruyère et des asticots.

Ne pêchez jamais le barbeau avec une ligne trop faible, telle que celle qu'on emploie pour le gardon ou le goujon ; il est probable qu'il l'emporterait avec l'hameçon.

La pêche du barbeau au filet est très-productive surtout avec le verveux et l'épervier ; mais on peut le prendre avec les autres filets.

Brême (*Cyprinus brama*).

La brême est couverte d'écailles assez grandes, sa tête est bleuâtre, son dos arqué et noir ; son ventre blanc ; ses nageoires violettes sont souvent tachées de noir. Environ cinquante points noirs se font remarquer le long de la ligne latérale. Ce poisson est très-large ; couché sur le côté, il forme un ovale presque parfait.

La brême aime un fonds vaseux et les eaux dormantes. Elle habite généralement toutes les rivières, lacs et étangs de l'Europe ; mais elle prospère mieux dans celles dont le cours paisible a lieu sur un fond glaiseux et rempli de plantes aquatiques.

Elle est fort commune dans les pays du nord de l'Europe. On rapporte qu'en mars 1749, on prit d'un seul coup de filet, dans un grand lac près de la ville de Nordkœping, en Suède, cinquante mille brêmes.

La grandeur ordinaire de la brême est de cinquante à soixante centimètres ; son poids varie entre deux et trois kilogrammes. Elle fraie à la fin d'avril ou en mai. A cette époque elle vient déposer ses œufs sur

des fonds unis et garnis de plantes. Elle recherche
même alors les eaux courantes.

    Ce poisson multiplie beaucoup : on a compté

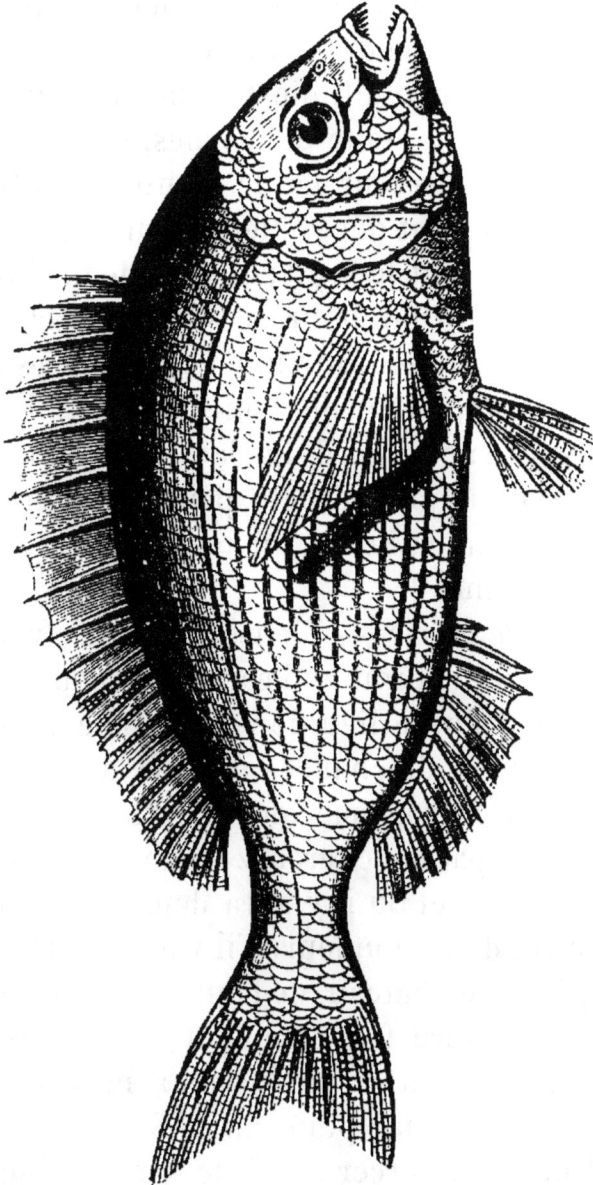

137,000 œufs dans le **ventre** d'une seule femelle.
    Lorsque la brème est bien nourrie, elle croît assez

promptement, sa chair est blanche et de bon goût, à moins qu'on ne l'ait pêchée dans un étang vaseux. Prise pendant le froid, la brème peut être transportée vivante au loin, si on a eu le soin de l'entourer de neige et de lui mettre dans la bouche un morceau de mie de pain trempé dans l'alcool.

Ce poisson se multiplie très-facilement ; on peut empoissonner un étang de brèmes, en empilant dans un seau d'eau des feuilles de plantes aquatiques sur lesquelles elles ont déposé leurs œufs.

La brème craint le bruit ; le coup de fusil d'un chasseur, le bruit du tambour, le son d'une cloche suffisent pour mettre en fuite une troupe de ces poissons. C'est pourquoi, en Suède, l'on s'abstient, dans les villages situés sur le bord des lacs, de sonner les cloches, même aux jours de fête, pendant le temps du frai.

Il existe dans la Seine, dit-on, trois ou quatre variétés de brèmes [1].

Pêche de la brème. — Choisissez, pour votre pêche en rivière, un endroit où l'eau coule peu et ait de la profondeur ; plus le lieu de votre pêche sera vaseux, plus vous aurez de chances de voir la brème mordre à l'hameçon. Le voisinage des égouts est très-convenable ; à la campagne, cherchez les anses où le cours de l'eau se ralentit et où il y aura deux mètres et demi à trois mètres de profondeur. S'il y a des herbes, des roseaux, pêchez en bateau, de l'autre côté de ces herbes.

La brème mord très-rarement durant les mois de juin, juillet et août, à moins qu'il ne fasse du vent et qu'il ne tombe une pluie chaude.

Il est utile d'amorcer le soir le fond sur lequel vous

---

[1] Les pêcheurs de la Seine nomment les petites brèmes *henriots* et les brèmes de grandeur moyenne *brémotes.*

voulez pêcher le lendemain. Si vous pêchez dans un étang, jetez l'hameçon le plus avant possible et disposez votre ligne de manière à ce que l'appât touche presque le fond.

La pêche aux lignes dormantes réussit très-bien avec un poisson aussi craintif que la brême, car alors le pêcheur peut s'éloigner à une certaine distance, sans toutefois perdre de vue ses lignes, et de là attendre patiemment qu'un poisson vienne mordre.

La brême fréquente dans les rivières les mêmes endroits que la carpe, la tanche, et mord aux mêmes appâts. Lorsqu'une grosse brême est prise, elle reste quelque temps immobile au fond de l'eau, mais, au premier effort que vous ferez pour l'amener, elle se débattra avec violence, et vous risquerez de casser votre ligne si vous essayez brusquement de la tirer à terre. C'est alors qu'il faut fatiguer votre proie et l'attirer peu à peu vers le bord.

La ligne à brême est formée de huit brins de crins tendus ou en soie écrue. Le bas de la ligne doit être en boyau de ver à soie. Il faut lui donner cinq à six mètres de longueur, à cause de la profondeur de l'eau où l'on pêche ; employez la flotte, *figure* 3 ou 4 de la page 21, et mettez quatre petits plombs fendus n° 4 à trente centimètres au-dessus de l'hameçon.

Quant aux appâts, vous pouvez garnir vos hameçons de petits vers rouges dans le mois de juin, mais pendant juillet, août et septembre, amorcez avec du blé cuit. Ne mettez jamais plus d'un grain à l'hameçon, ce qui vous laissera au moins la chance de prendre des gardons. si vous ne prenez pas de brême. Hâtez-vous de piquer au plus petit mouvement, car la morsure des grosses brêmes est fort légère.

La brême se prend également aux lignes de nuit et aux jeux, quand les hameçons sont amorcés avec de petits vers rouges de fumier. On en capture aussi avec les pelotes à soutenir, mais on ne fait aucune pêche particulière de la brême par ces trois procédés.

Quant à la pêche aux filets, on se sert des nasses, de la seine et de l'épervier. Ce dernier moyen est le plus meurtrier pour la brême, lorsqu'on a amorcé la veille avec du blé cuit ou du son.

Le Brochet (*Esox lucius*).

Le brochet est le poisson le plus vorace de tous ceux qui habitent nos rivières et nos étangs. Ce n'est point sans raison qu'on l'a surnommé *le requin des eaux douces*. Aucun petit poisson n'est à l'abri de sa voracité. Il n'épargne même point ceux de son espèce et parvient à dépeupler les étangs les plus poissonneux.

Il porte différents noms suivant son âge. Les brochets les plus petits se nomment *brochetons*, *lancerons* ou *lançons*, les moyens : *brochets-poignards* ; et les gros, *brochets-carreaux*.

Sa longévité égale, dit-on, celle de la carpe, mais sa croissance est plus rapide ; ce qui ferait douter de cette grande longévité. Dans le nord de l'Europe, il parvient à une grandeur extraordinaire [1], mais en

---

[1] Le brochet le plus grand qui ait jamais été connu fut pris en Écosse par le colonel Thortorn, en 1784 ; ce ne fut qu'après une heure et demie qu'il parvint à l'attraper ; il pesait 26 kilogrammes, et avait, de l'œil à la queue, un mètre 35 centimètres ; sa longueur entière était de un mètre 45 centimètres, et son épaisseur de 15 centimètres. Une petite cicatrice qu'il portait indiquait une plaie que lui fit un hameçon qu'il avait avalé, dix années

France il dépasse rarement un mètre de longueur ; le brochet extraordinaire que M. Kretz aîné pêcha dans l'étang de l'Ecrevisse, au bois de Meudon, pesait 17 kilogrammes [1].

La tête du brochet est aplatie antérieurement et comprimée sur les côtés, sa bouche s'étend presque jusqu'aux yeux. Le devant de la mâchoire inférieure est garni de dents petites, mais fortes ; par derrière elles sont alternativement fixes et mobiles, celles-ci n'étant adhérentes qu'à la peau. La mâchoire supérieure est pourvue de petites dents, mais par devant seulement ; le palais, la langue, et l'entrée du gosier, sont également garnis de dents mobiles. On en compte au delà de sept cents. De grands yeux à prunelle bleue, entourés d'un iris doré, des narines assez larges complètent avec une grande bouche et un museau pointu, dans lequel la mâchoire inférieure dépasse la supérieure, la physionomie toute particulière du brochet.

Le corps du brochet est souple et vigoureux ; il a la forme d'un prisme à quatre faces, dont on aurait effacé les arêtes. Autour des yeux, à la mâchoire inférieure et vers l'origine de la tête, on remarque une quantité d'orifices, par où s'écoule la matière visqueuse dont son corps est enduit.

Les écailles du brochet sont petites et nombreuses. Pendant la première année, leur couleur est verdâtre ; pendant la seconde année, elles prennent une teinte

---

auparavant, et qui avait percé presque à travers la peau, car, après avoir ouvert la partie décolorée, on découvrit l'hameçon et on l'ôta. (M. Kretz.)

[1] On peut voir sa tête préparée dans le magasin des successeurs de M. Kretz aîné.

grisâtre, que diversifient des taches plus pâles. Ces taches offrent, l'année d'après. des nuances jaunes. Souvent même, à l'époque du frai, elles présentent l'éclat de l'or. Toutefois, lorsque le brochet est parvenu à une certaine grosseur, son dos est noirâtre et son ventre blanc tacheté de noir. En général, les couleurs du brochet ont d'autant plus d'éclat, qu'il habite des eaux plus vives. Néanmoins, il se plaît davantage dans les eaux dormantes, telles que celles des lacs et des étangs; on le rencontre, cependant, assez communément dans les fleuves et les rivières.

Nous avons dit que ce tyran des eaux douces n'épargnait pas même sa progéniture ; il attaque des poissons presque aussi gros que lui. De même que le boa, il absorbe d'abord leur tête dans sa vaste bouche ; puis, exerçant sur elle une pression continue, il l'amollit et finit par l'engloutir avec le reste du corps. Ce poisson, redoutable à son espèce, joint la ruse et l'adresse à la force ; craignant la perche, à cause des rayons piquants de sa nageoire dor-

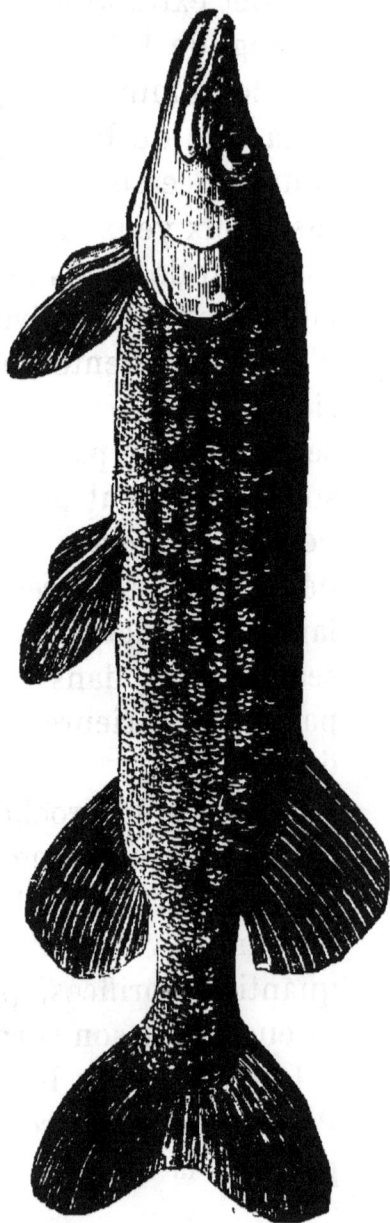

sale, qui se redressent au moment du danger, il se
contente de la blesser et attend qu'elle soit morte
pour s'en repaître. L'épinoche seule, le plus petit des
poissons d'eau douce, ne craint pas sa voracité, car
son dos est armé d'aiguillons pointus, qui se redressent lorsqu'elle meurt. Elle cause souvent la mort
des jeunes brochets qui l'avalent.

Les poissons ne forment pas la seule proie des brochets ; ils se nourrissent aussi de grenouilles, de sa-
lamandres aquatiques, de petits canards, de rats, de
souris, de couleuvres; ils font même leur nourriture
des jeunes chiens et chats que l'on jette à l'eau pour
les noyer. Il n'en est pas de même à l'égard du crapaud qu'il rejette aussitôt après l'avoir avalé.

Le temps du frai dure deux mois, février et mars.
Les femelles commencent à trois ans le travail de la
reproduction. Elles déposent leurs œufs sur des
pierres, ou sur des feuilles de plantes aquatiques,
dans le voisinage des bords et de la surface de
l'eau.

La chair du brochet est ferme, savoureuse et d'une
digestion facile. On préconise surtout celle des brochets qui ont vécu dans une eau pure et limpide. On
estime particulièrement leur foie, mais leurs œufs
sont, dit-on, malfaisants, et, bien que le naturaliste
Block ait prétendu le contraire, le plus sage est de
s'en abstenir.

Lorsqu'on veut peupler un étang de brochets, on
y met des brochetons et quelques poissons en état
de frayer assez forts pour ne pas devenir leur proie,
tels que carpes, barbeaux et gardons. Les brochetons
se nourriront des jeunes poissons qui naîtront de ces
carpes et barbeaux ; mais il faudra avoir soin de les

pêcher dès qu'ils deviendront un peu forts, si on veut conserver les mères, qui ne tarderaient pas à devenir leur proie.

Pêche du brochet. — On pêche le brochet à la ligne flottante et aux lignes dormantes. On le prend avec plusieurs sortes de filets et particulièrement avec la seine et l'épervier ; on le prend aussi au collet comme la carpe lorsqu'il vient dormir à la surface de l'eau. Enfin on le tue à coups de fusil, lorsqu'il nage à peu de profondeur entre deux eaux.

Après l'époque du frai, c'est-à-dire depuis le mois de mars jusqu'au commencement de septembre, les brochets montrent moins de voracité et refusent les meilleurs appâts. Pendant les mois d'avril, de mai et de juin et même de juillet, ils sont tellement maigres que, pendant l'automne et l'hiver, tel brochet qui pesait cinq kilogrammes en pèsera alors tout au plus quatre. Il commencera à reprendre en août et septembre ; mais ce ne sera que dans le mois de novembre qu'il sera revenu dans son état primitif.

Pêche à la ligne flottante. — Choisissez la canne n° 4, page 15, et la flotte, page 22. Votre ligne, soie et crin, doit être très-forte et avoir vingt-cinq à trente mètres de long, avec un moulinet multiplicateur, c'est-à-dire à engrenage, afin de pouvoir enrouler et dérouler vivement la ligne ; son extrémité inférieure doit être garnie d'un émerillon. Les hameçons du n°00 seront doubles (voyez page 20) et montés sur du cordon de guitare de 33 centimètres de longueur. Le tout doit être de la meilleure qualité et arrangé de manière à résister à la violence des efforts que fera le brochet lorsqu'il se sentira pris.

On amorcera les hameçons avec de petits poissons vivants, tels qu'ablettes, goujons, chevennes et gardons (voyez page 44, où sont représentées les diverses manières d'amorcer avec le poisson) pour le conserver quelque temps vivant.

Le temps de la pêche du brochet est compris entre septembre et janvier. Lorsque vous voudrez vous livrer à cette pêche, procurez-vous des petits poissons que vous emporterez tout vivants dans une boîte à poissons, remplie d'eau ; vous monterez ensuite la canne et vous disposerez votre ligne en la faisant passer dans tous les anneaux. Après avoir fixé votre moulinet, déroulez une longueur de ligne de quatre à cinq mètres ; fixez-y convenablement la flotte et laissez autant de distance entre l'hameçon et la flotte qu'entre l'hameçon et le fond de l'eau. Si par exemple le lieu où vous pêchez a trois mètres de profondeur, laissez un mètre cinquante centimètres de distance entre la flotte et l'hameçon. Amorcez votre hameçon avec un petit poisson et lancez-le à l'eau : puis, les yeux fixés sur la flotte, attendez que le brochet morde à l'appât. Ce moment se fait rarement attendre, mais ce poisson vorace le saisit avec tant de vivacité et de force, que si l'on n'était point préparé à lui rendre de la ligne en dévidant, il ne manquerait pas de la rompre. Attendez encore quelques instants, que l'hameçon soit bien entré dans les intestins, car il faut remarquer que l'avidité du brochet est telle qu'il avale entièrement hameçon et amorce.

Nous ne pouvons mieux faire, pour donner ici une

idée de la manière dont on doit procéder à cette pêche avec la ligne flottante, que de citer l'exemple par lequel M. Kretz l'aîné appuie ses excellents préceptes, dans son ouvrage sur la pêche à la ligne.

« Je suis allé, vers la fin d'octobre, à Neuilly-sur Marne, à trois lieues de Paris. Il était à peu près dix heures du matin lorsque j'arrivai ; le temps était favorable pour la pêche : l'eau était un peu troublée. Je trouvai un jeune pêcheur à qui j'avais donné rendez-vous ; un havre-sac ou carnier pendait sous son épaule gauche, il avait la canne à pêcher sous le bras, et dans la poche un portefeuille garni d'ustensiles de pêche à la traînée et principalement d'hameçons de plusieurs grandeurs, d'aiguilles à amorcer, de fil et de soie poissés, d'un dégorgeoir, d'une paire de ciseaux, etc. Il avait aussi une boîte renfermant une douzaine de poissons couverts de son. Il s'était muni d'un grand hameçon attaché à un télescope, qui devait servir à accrocher le brochet par les ouïes, dans le cas où sa taille pourrait faire craindre qu'il ne rompît la ligne à l'instant où on le sort de l'eau, la pointe de ce grand hameçon était engagée dans un morceau de liége pour prévenir tout accident.

« Mon jeune ami m'attendait avec impatience ; je ne tardai pas à le satisfaire. Je lui dis d'apprêter d'abord sa canne, en joignant ensemble toutes les pièces, de manière à ce que les anneaux de chaque pièce fussent en ligne droite jusqu'au grand anneau du scion, afin que la ligne, montée sur un moulinet, pût courir en ligne droite, et par conséquent bien plus librement qu'elle ne l'aurait pu, si les anneaux eussent été placés en zigzag. Je lui fis ensuite dérouler la ligne de dessus le moulinet, de longueur à peu près de la moitié de la canne à pêche. Je lui conseillai alors de prendre cette canne un peu au-dessus du moulinet, de poser le bout de la première pièce contre la partie inférieure du ventre, de tirer, avec la main gauche, de dessus le moulinet, un mètre de ligne environ, qu'il devait lâcher petit à petit en jetant l'appât dans l'eau.

« Je dis ensuite à mon élève pêcheur : Afin que votre appât ne tombe pas en deçà de l'endroit convenable, jetez-le plutôt, sauf à le ramener ensuite à quelque distance, plus loin que l'endroit où vous croyez trouver le brochet. La manière de tenir la ligne, que je vous ai enseignée, vous donne la facilité de jeter ainsi votre appât avec une aisance que vous n'auriez pas si, comme quelques pêcheurs le font, vous vous contentiez de tenir votre canne à la main sans la faire toucher au ventre et à la partie supérieure de la cuisse.

« Tout est prêt... jetez maintenant votre appât au delà de ces herbes, et laissez-le descendre jusqu'au fond ; faites-le remonter jusqu'à ce qu'il soit près de la surface de l'eau ; laissez-le descendre encore... Faites-le remonter... tirez un peu à droite et à gauche... laissez-le descendre de nouveau... faites remonter doucement... retirez-vous un peu en arrière, et faites approcher l'appât du bord. Rien n'a mordu. Ne perdez pas patience... Jetez l'appât plus loin ; recommencez à le faire monter et descendre... Rien ne mord... L'endroit n'est pas bon... voyons ailleurs... Observez comme les joncs sont serrés dans le bas de la rivière... Il y a là des herbes ; mais elles ne paraissent pas bien fortes, et ce faible courant nous sera

favorable... Il y a tout lieu de croire qu'un brochet
s'est établi là... Mettez un nouvel appât, le vôtre est
fatigué... Ce goujon fera bien l'affaire... Jetez-le à
deux mètres et demi à peu près au delà de ces herbes.
Votre appât a été tiré avec force... Abaissez le scion de
votre canne, et en même temps tirez petit à petit, avec
la main gauche, un peu de ligne de dessus le moulinet, afin que rien ne puisse empêcher la ligne de
courir librement ou arrêter le brochet... Votre appât
est certainement pris; mais on ne remarque plus
aucun mouvement... Il y a bien sept minutes que
rien ne remue... Ayez de la patience... tenez, la ligne tremble... elle est agitée... elle court... Dévidez
promptement, et tournez la canne de manière à ce
que le moulinet soit en dessus... piquez légèrement,
et tenez élevé le scion de votre canne, car assuré-
ment il y a un poisson accroché... Il se dirige vers le
milieu de l'eau... Il paraît vouloir aller contre le
courant... c'est probablement un gros, car il tire
fortement au fond... Il paraît vouloir gagner ces
grandes herbes... Détournez l'en, tirant votre canne
de ce côté, et ramenez-le à l'endroit d'où il est parti...
Vous êtes chanceux, il se retourne sans violence et
recommence à courir; laissez-le aller... repeleton-
nez... Il part encore... dévidez... N'exposez pas votre
ligne à être rompue. Vous pouvez maintenant rem-
peletonner de nouveau, le serrer un peu plus, et
tenter de l'élever à la surface de l'eau; mais cependant soyez circonspect... Vous l'avez vu, il mérite la
peine qu'on se donne pour l'avoir... Tenez-vous ferme,
et que votre ligne soit dégagée, car il va devenir plus
violent que jamais... Tâchez de le conduire là bas
où vous voyez qu'il n'y a point d'herbe, et où l'eau

est de niveau avec la terre : c'est un excellent endroit
pour mettre un poisson sur la rive, surtout si l'on est
seul, sans grand'hameçon et sans épuisette... Il paraît bien fatigué ; cependant tout le danger n'est pas
encore passé... Approchez-le du bord, et élevez-le
sur la surface... Donnez-lui encore de la ligne, car
il commence à faire de grands efforts. Je pense néanmoins que le plus pénible est passé. Voyez comme il
montre ses grandes mâchoires, ses dents nombreuses,
et son large gosier. Comme il saute hors de l'eau! il
pourrait casser les ustensiles les plus forts. Ayez la
main assurée, et empêchez-le d'entrer dans les herbes. Faites-le approcher encore du bord ; il court
avec violence, et vient de faire encore un autre saut
dans l'air... Laissez-le faire ; soutenez-le encore deux
ou trois fois, et il sera bien fatigué : faites-le approcher à présent bien près du bord. Je crois qu'il est
tout à fait fatigué ; tenez sa tête un peu élevée, afin
que ses dents ne s'accrochent pas aux herbes. Em-
poignez-le de vos deux mains un peu au-dessous des
pectorales, et jetez-le à quelques pas sur le gazon.
Vous avez un beau poisson ; c'est un brochet femelle
qui pèse au moins quatre kilog.; mettez-le dans votre
panier, et amorcez un autre hameçon; car il faut
que vous sachiez qu'il arrive bien souvent qu'on
trouve, dans un endroit comme celui-ci, deux brochets de la même grandeur, quoique d'un sexe dif-
férent. Après quelques moments, mon jeune pêcheur
sentit mordre une seconde fois, et fut assez heureux
pour prendre le poisson : c'était un mâle qui parais-
sait peser trois kilog. et demi. Pendant le reste de la
journée nous prîmes un troisième poisson qui pesait
à peu près deux kilog. »

Pêche aux lignes dormantes. — Les lignes doivent offrir une grande solidité et être fortement fixées à un piquet enfoncé dans la rivière. On y attache des hameçons à brochet empilés sur corde de guitare et amorcés avec des petits poissons.

Pêche aux vessies dans un étang. — Prenez quelques vessies de mouton: gonflez-les autant que possible et fermez-en hermétiquement l'entrée avec plusieurs tours de bonne ficelle afin que l'air ne puisse s'en échapper. Attachez à chacune de ces vessies une forte ficelle sur laquelle vous empilerez un hameçon à brochet, amorcé d'un petit poisson. Vous aurez soin que l'appât ne descende pas plus bas qu'à mi-profondeur de l'eau. Abandonnez vos vessies sur l'eau; bientôt le vent les poussera au large. Le lendemain matin vous viendrez les examiner. Vous reconnaîtrez qu'un brochet est pris, à l'agitation d'une vessie qui s'enfoncera dans l'eau, puis remontera à sa surface. Si vous n'avez pas eu la précaution d'attacher à chaque vessie une longue ficelle amarrée au rivage, vous serez obligé de prendre un bateau et de faire la chasse aux vessies, qui, tirées par le brochet, fuiront sans cesse devant vous. Cette sorte de pêche est fort amusante.

Au lieu de vessies on peut prendre des ronds de liége de douze à quatorze centimètres de diamètre, peints en rouge par-dessus et en blanc par-dessous, c'est-à-dire du côté où ils doivent flotter. Au milieu du rond s'élève une petite broche de bois qui le traverse de part en part, et sur laquelle on enroule une ligne de quinze à vingt mètres de longueur, garnie à son extrémité d'un appât fixé sur un hameçon à bro-

chet. Une fente est pratiquée dans le bout inférieur
de la broche qui plonge dans l'eau; on arrête dans
cette fente la ligne à un point tel que l'appât puisse
descendre à la profondeur convenable.

Lorsque le brochet saisit l'appât, la secousse qu'il
donne dégage la ligne de la fente, elle se déroule et
le poisson fuit avec l'hameçon dans le corps. Mais
c'est en vain qu'il essaie de s'en débarrasser. Bientôt
on s'emparera du disque de liége, ainsi que de la ligne
qui y reste fixée, et on ramènera forcément sur la rive
le brochet fugitif.

On prend aussi le brochet avec la *fouane* (voyez
l'article de l'*anguille*).

Quand on veut détacher l'hameçon engagé dans la
bouche du brochet, il faut le faire avec précaution,
si on ne veut pas se déchirer les doigts à ses dents
aiguës.

La Perche (*Perca fluviatilis*).

On reconnaît facilement la perche à ses deux na-

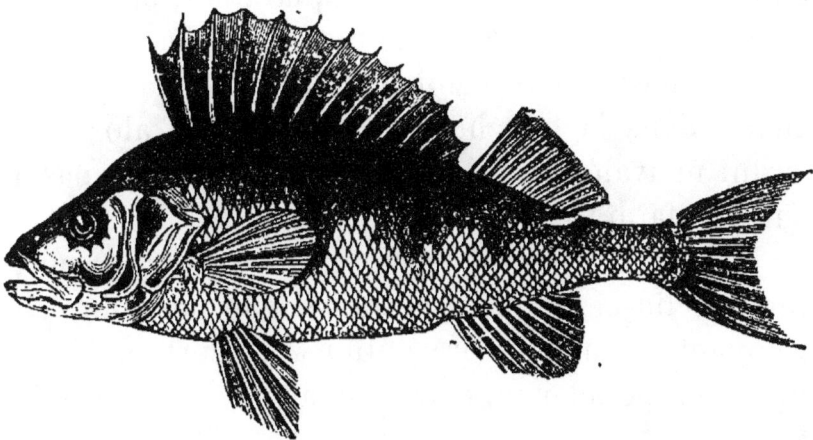

geoires dorsales violettes, dont la première a quinze
rayons piquants. Ses écailles dures et dentelées sont

fortement adhérentes à la peau. Les couleurs de la perche sont vives et brillantes: c'est un mélange de jaune, de vert et de teintes dorées. Trois bandes transversales de chaque côté se fondent en légères teintes noirâtres, en se mêlant à la couleur du reste du corps.

C'est un poisson d'eau douce, dont la longueur en France dépasse rarement 40 centimètres. Son poids n'excède jamais un kilogramme et demi. Néanmoins dans les contrées septentrionales il acquiert un plus grand développement. La perchenage habituellement entre deux eaux comme le brochet.

Ce n'est que vers leur troisième année que les perches peuvent se reproduire. L'époque du frai est le printemps. La femelle dépose une immense quantité d'œufs de la grosseur d'une graine de pavot [1]. Ces œufs, retenus par une matière visqueuse, forment une longue chaîne qui se déploie dans l'eau.

La perche n'est pas moins vorace que la truite et le brochet; elle se nourrit de petits poissons, de grenouilles, de vers, d'insectes aquatiques, et n'épargne pas même l'épinoche que respectent les poissons les plus avides; mais celui-ci enfonce ses dangereux piquants dans la bouche de la perche qui alors, ne pouvant ni avaler ni rejeter sa proie, ne tarde pas à mourir de faim.

La perche n'a pas la vie moins dure que la carpe; comme celle-ci on peut la transporter au loin, en employant les mêmes précautions; en sorte qu'il est facile d'en peupler un étang; mais cette espèce de

---

[1] D'après une observation de M. Picot, de Genève, une perche du poids d'un demi-kilog. renfermait 992,000 œufs.

poisson croissant promptement et étant fort destructive. il sera prudent de lui réserver un étang
séparé où on le nourrira avec du poisson de peu de
valeur.

La chair de la perche est ferme. délicate et très-
saine. On vante surtout celles du Rhin. On peut. dit-
on, faire avec sa peau une colle comparable à la colle
dite de poisson, que fournit l'esturgeon.

Pêche de la perche. — Elle exige des ustensiles solides. On prendra donc une ligne de cinq mètres
composée de huit crins en haut, de six au milieu et
de quatre au tiers inférieur. Liez à cette ligne cinq
brins de fort boyau de ver à soie, attachés bout à
bout. Sur le dernier vous empilerez un hameçon
n° 5 ou 6. Employez la flotte n° 6, page 21, et fixez un
plomb à 16 centimètres de l'hameçon. Si vous amorcez avec des vers de terre bien purgés ou avec des
vers de fumier, laissez tomber votre appât à six centimètres du fond, mais si vous amorcez avec de petits poissons, votre appât ne doit descendre qu'à
30 centimètres du fond. Vous pouvez vous servir de
poissons morts, tels que goujon, bouvière, véron,
loche, mais le poisson vivant est toujours préférable,
surtout si vous visez à pêcher de grosses perches.
Accrochez vos poissons à l'hameçon par le dos ou par
les lèvres: une petite grenouille vivante est également
un bon appât.

Il est indispensable que votre canne à pêche ait
un moulinet, soit pour la perche elle-même à laquelle
il faut dévider de la ligne, de crainte qu'elle ne se
décroche si vous voulez l'arrêter brusquement. soit
pour d'autres gros poissons, brochets ou truites qui

pourraient mordre à l'appât. Donnez au poisson deux
ou trois minutes pour avaler l'appât, avant de piquer;
par ce moyen l'hameçon s'accrochera solidement
dans son estomac; mais si vous piquez trop tôt, vous
manquerez votre coup, parce que la perche a la bouche
grande, et vous en retirerez l'hameçon sans en toucher aucune partie.

Au printemps, lorsque l'eau est trouble, mettez un
second hameçon n° 7 au-dessus du premier, car alors
la perche nage quelquefois assez près de la surface.
Vous pouvez même en ajouter un troisième pour
augmenter les chances de succès.

Le meilleur temps pour prendre les perches est le
matin de bonne heure et le soir un peu tard. Cependant, s'il y a un peu de vent ou s'il a fait un orage,
vous pouvez espérer de prendre quelque chose dans
le milieu de la journée.

On peut également rôder ou rouler l'appât pour
la perche comme pour la truite (voyez plus loin, *Pêche
de la truite*). Pour cela vous prendrez un hameçon n° 7,
empilé sur un fort boyau de ver à soie. Vous l'amorcerez avec deux vers bien purgés; mettez trois plombs
à 25 centimètres au-dessus de l'hameçon. Il ne faut
pas de flotte ici. Jetez votre appât dans l'endroit
convenable à votre pêche. Laissez-le descendre doucement jusqu'au fond de l'eau, puis remontez-le
petit à petit, faites-le descendre encore, continuez
ainsi tout en marchant. Cette manière de pêcher
s'appelle *rôder* parce que le pêcheur change fréquemment de place.

La même pêche se fait aussi quelquefois en *coulant à fond*, c'est-à-dire en laissant tomber l'appât
dans les trous, dans les tournants, les haïs, au milieu

des herbes, près des vannes, autour du pilotis, etc.

Elle se plaît aux environs des ponts, des moulins, des vannes, des biez, ainsi que dans les profondeurs de la rivière. Dans les étangs elle préfère les endroits sablonneux et le voisinage des bords couverts de joncs. Sa pêche commence en février et continue jusqu'à la fin de novembre. Mais c'est en septembre, octobre, novembre, février et mars, que vous aurez le plus de succès, avec les petits poissons pour amorce.

L'Anguille (*Muræna anguilla*).

La forme svelte et cylindrique de l'anguille, la flexibilité de son corps, la rapidité de ses mouvements, lui donnent beaucoup de ressemblance avec le serpent, mais l'anguille en diffère essentiellement parce qu'elle n'a point de poumons et qu'elle respire par des branchies comme les autres poissons, tandis que tous les serpents, et même les serpents aquatiques, ont des poumons et sont privés de nageoires. Les nageoires de l'anguille sont peu apparentes; celles du dos et de l'anus sont réunies à celles de la queue; sa tête est petite, ses écailles ne sont visibles que sur la peau desséchée. Les pores situés le long du sillon longitudinal, dit *ligne latérale* [1], transsudent une viscosité si abondante que ce poisson glisse et échappe facilement à la main qui le saisit et le presse.

[1] Cette *ligne latérale* existe chez tous les poissons, mais la viscosité que transsudent les pores situés le long de cette ligne, ne devient très-abondante que lorsque le poisson n'a que peu ou point d'écailles, ou plutôt que ces écailles sont petites et peu apparentes, comme dans l'anguille.

La croissance de l'anguille est fort lente ; suivant La-
cépède, elle n'augmenterait que de vingt-cinq centimètres en dix ans. On cite néanmoins des
anguilles pêchées en Angleterre, en Alle-
magne et en Italie, dont le poids et la
longueur surpassent trois ou quatre fois
ceux de nos plus belles anguilles ; telles
sont celles des lacs de Prusse pesant 9
ou 10 kilogrammes et longues de plus de
trois mètres.

L'anguille a autant de force que d'agi-
lité ; elle nage avec rapidité et parcourt
des espaces considérables ; toutefois cette
rapidité n'est pas comparable à celle de
la truite et du saumon.

La disposition des branchies de l'anguille fait qu'elle peut vivre cinq ou six
jours hors de l'eau dans un lieu humide
et par un temps frais ; mais si elle est
exposée aux rayons du soleil, elle périt
promptement.

Presque tous les auteurs qui ont écrit
des traités de pêche affirment que l'an
guille abandonne quelquefois son élément
pour aller dans les prés se repaître de
vers et d'insectes, et surtout manger des
pois nouvellement semés, pour lesquels
elle a, dit-on, un goût tout particulier.
Ce fait nous paraît tellement extraordinaire que nous hésitons à l'admettre.

La reproduction de l'anguille a également donné lieu à une foule de fables.
Tout récemment nous avons encore entendu les sa-

vants d'un village voisin de la Seine affirmer que l'anguille naissait d'un goujon.

Mais il est certain que l'anguille provient d'un véritable œuf, comme tous les poissons, et que cet œuf éclot le .plus souvent dans le ventre de la mère à la suite de l'accouplement du mâle et de la femelle, accouplement qui au reste n'a pas lieu chez les autres poissons, à l'exception des squales et des raies.

De même que plusieurs sortes poissons, l'anguille a ses migrations régulières, mais dans un sens inverse. Tandis qu'au printemps le saumon et la truite remontent les fleuves et les rivières, beaucoup d'anguilles quittent les eaux des lacs et s'abandonnent au courant des fleuves et des rivières qui en sortent.

Durant le jour, l'anguille reste enfermée dans les trous qu'elle creuse avec son museau dans la vase. Ces trous, ordinairement pratiqués dans les berges escarpés, ont deux entrées. Elle y pénètre soit à reculons, soit la tête la première, car l'anguille possède la faculté de nager dans les deux sens.

L'anguille est carnivore, elle se nourrit de petits poissons, de vers, de matières animales en décomposition et de frai. Elle est très-vorace et devient nuisible dans un étang lorsqu'on la laisse trop s'y multiplier.

On distingue plusieurs variétés de l'anguille; deux de ces variétés habitent la Seine : le *peinpreneau* à couleur brune, et le *guiseau* dont la tête est plus courte, l'œil gros, la chair plus ferme et la graisse plus délicate que dans l'anguille commune. Le *breteau*, qui se trouve dans l'Eure, est fort abondant et assez estimé.

La chair de l'anguille est délicate, mais d'une digestion difficile à cause de sa qualité huileuse.

Pêche de l'anguille. — Les différentes manières de
pêcher l'anguille consistent dans les *traînées* ou *cordeaux de nuit*, la *ligne à soutenir*, les *jeux*, la *vermille,*
la *fouane*, l'*aiguille à épinocher* et différentes sortes de
filets. Commençons par les traînées.

Elles se composent d'une ficelle forte et bien dévrillée, à laquelle on attache, à un mètre soixante
centimètres ou deux mètres de distance les uns des
autres, des hameçons n° 3, empilés sur un fil très-
fort de chanvre écru. Vous amorcerez depuis le
1er juin jusqu'à la fin de juillet avec des vers de
terre.

Nous avons donné à la page 34 la manière de tendre
les traînées ou cordeaux de nuit et nous y renverrons
le lecteur.

Arrivé au mois d'août, vous amorcerez avec de petits poissons en faisant entrer la longue branche de
l'hameçon par la bouche et ressortir sous l'œil. Durant
ce mois vous choisirez de préférence de petits goujons,
des loches, et surtout cette petite lamproie que l'on
appelle *chatouille;* mais dans septembre et octobre,
prenez des ablettes et des éperlans de rivière.

Si vous voulez pêcher à la traînée dans un étang,
munissez-vous d'une ficelle dévrillée de seize mètres
de longueur; attachez à cette ficelle dix hameçons,
placez à un mètre soixante centimètres de distance
les uns des autres, et amorcez-les, suivant la saison,
avec des vers de terre ou de petits poissons ; puis fixez
l'une des extrémités de la ficelle à un piquet enfoncé
sur la rive et attachez l'autre à une pierre assez lourde
que vous lancerez à la distance convenable, pour que
la ligne soit bien tendue. Cette traînée doit se poser
le soir pour être relevée le lendemain matin.

La pêche à la ligne à soutenir se pratique également le soir. (Nous avons décrit cette pêche plus haut. (Voyez page 32.) On amorcera avec des vers rouges dans une eau profonde et dormante.

Au mois de novembre, on emploiera avec avantage les jeux. Lorsque l'eau sera trouble, on pourra pêcher même pendant le jour, mais le succès de la pêche de la nuit est toujours plus sûr. Vous amorcerez également avec des vers rouges.

Pêche à la vermille. — Procurez-vous une grande quantité de vers de terre gros et bien purgés. Enfilez-les un à un sur du gros fil bien solide, en sorte que ce fil entrant par un bout du ver ressorte par l'autre. Faites de tous ces vers enfilés un trousseau de la grosseur du poing, ayant soin d'arranger les fils de manière que tous les bouts pendent de la même longueur ; placez au centre de ce trousseau un plomb pour faciliter sa prompte descente. Jetez-le doucement dans l'eau, en le laissant aller jusqu'au fond, puis soulevez-le de douze ou quinze centimètres ; continuez ainsi jusqu'à ce que vous sentiez mordre ; enlevez encore prestement votre trousseau et faites en sorte que les anguilles qui ont mordu et qui restent attachées au trousseau tombent dans la balance que vous avez dû prendre pour cette pêche. Au reste, ce ne sont que de très-petites anguilles qu'on prend de cette manière, et cette pêche est fort destructive.

Voici une autre manière de pratiquer cette pêche, au moyen de laquelle on peut prendre de grosses anguilles et qui nous semble préférable. Elle se fait dans les eaux mortes, fossés, étangs, etc. Faites une pelote de plusieurs gros vers rouges bien purgés.

Vous les plierez en quatre et vous les attacherez simplement par le milieu à une ficelle, car il ne faut ici
ni flotte ni hameçon. Vous veillerez cependant à ce
que votre pelote soit d'une dimension telle qu'elle
puisse être avalée par une grosse anguille. Vous la
jetterez avec la main dans l'endroit où vous supposerez des anguilles, et lorsque vous verrez la ficelle
trembler et se tendre, lâchez bien vite la main afin
que le poisson puisse avaler entièrement votre appât.
Ne vous pressez point, mais lorsque la pelote sera
dans le gosier, l'anguille est prise : tirez alors à vous
sans craindre qu'elle se dégage.

C'est autre chose avec la *fouane*. On appelle ainsi
un harpon à plusieurs branches. On prend souvent

de belles anguilles pendant le printemps, en l'enfonçant dans la vase et dans les herbes des étangs et des
rivières. Cette espèce de harpon est connue dans les
magasins d'ustensiles de pêche sous le nom de *fouane
à anguilles*. Cette pêche se fait ordinairement la nuit
et aux flambeaux.

La pêche à *épinocher l'anguille* a lieu, au contraire,
pendant le jour. En place d'hameçon prenez une
forte aiguille dont vous casserez la tête ; choisissez
pour ligne trois ou quatre mètres de bonne ficelle
ou de fouet, que vous pelotonnerez sur une bobine ;
une baguette de coudrier ou de saule vous servira de
canne ; au lieu de scion vous prendrez un bout de fil
de fer que vous courberez en demi cercle et que

vous fixerez à l'extrémité de votre baguette. Empilez ensuite votre aiguille sur la ligne avec de la soie poissée, de telle façon que l'extrémité de cette ligne parte du milieu de l'aiguille, puis couvrez entièrement les bouts de cette aiguille avec de gros vers de terre bien purgés.

A l'aide du scion en fil de fer, qui prendra toutes les formes nécessaires, faites entrer l'appât dans l'endroit où vous supposerez une anguille ; tenez la ligne dans votre main gauche et lâchez-en autant qu'il faudra pour que l'appât arrive jusqu'à l'anguille.

Dès que l'anguille aura pris le vers dans sa bouche, vous retirerez la canne et le scion du trou, car ils n'ont d'autre objet que de diriger l'appât jusqu'à l'anguille.

Laissez alors à votre proie le temps d'avaler les vers et l'aiguille qui les traverse, puis piquez vivement. L'aiguille, prise par son milieu, se mettra nécessairement en travers dans l'estomac ou dans la gorge de l'anguille, que vous tirerez alors tout doucement hors de son trou et dont vous vous emparerez.

Presque toutes les espèces de filets peuvent servir à la pêche de l'anguille. La seine, la trouble, la nasse, les verveux, les louves et les guideaux, sont également employés. Les guideaux surtout procurent une belle pêche lorsque, vers la fin d'octobre, les anguilles se *relâchent*, pour employer l'expression des pêcheurs, c'est-à-dire, s'entortillent ensemble au nombre d'une trentaine, grosses ou petites, formant une pelote et se laissant dévaler par le courant.

Lorsqu'on met un étang à sec, on peut facilement prendre à la main les anguilles dans leur trou, mais il faut le faire avec précaution, car elles mordent. Une paire de gros gants de peau est utile dans ce cas.

Chevenne (*Cyprinus jeses*).

Ce poisson est également connu sous le nom de *chevanne* et de *meunier* ; il fait partie de la famille des poissons blancs où l'on trouve l'ablette. le véron. deux sortes de poissons qu'on ne tolère que lorsqu'ils servent d'accompagnement au goujon, dans une friture.

Toutefois la chevenne peut parvenir à une grosseur qui la rend respectable, car on en a vu qui pesaient jusqu'à cinq kilogrammes, mais leur poids ordinaire est d'un kilogramme et demi à deux kilogrammes.

Ses écailles, bleuâtres sur le dos, sont argentées sur le ventre avec quelques pointes jaunes sur les côtés indiquant la ligne latérale. Les nageoires anales et centrales sont d'un violet clair. La nageoire dorsale, bleuâtre ; celle de la queue est bordée de bleu.

Ce poisson qui multiplie beaucoup, quoique lent à croître, fraie aux environs de Pâques, sur le sable et dans une eau peu profonde. Il est très-commun dans la Seine et se tient ordinairement à fleur d'eau, se nourrissant des insectes qui volent à la surface. La chair de la chevenne est assez bonne, mais remplie d'arêtes ; elle prend une teinte jaune en cuisant. Elle est moins délicate en été que dans le reste de l'année.

La chevenne est la providence des pêcheurs novices, car elle prend indifféremment un appât au fond ou à la surface de l'eau.

6.

Pêche de la chevenne. — On pêche la chevenne à toutes les lignes et surtout avec la mouche artificielle, car elle saisit goulûment à la surface de l'eau les papillons, les libellules, les grosses mouches et d'autres insectes ; cependant, il faut éviter d'être vu par ce poisson, lorsque vous tendrez votre ligne, car il s'effraiera et prendra la fuite. C'est pour cette raison que les professeurs de pêche recommandent de ne pas prendre plus de deux chevennes dans un endroit, puis d'aller plus loin, sauf à revenir deux ou trois heures après à l'endroit précédent, si la place était bonne.

La chevenne se débat avec moins de violence que le barbeau ; cependant, quand elle a mordu, elle court à droite, à gauche, remonte et s'enfonce deux ou trois fois dans l'eau ; raccourcissez alors votre ligne et ramenez doucement le poisson à portée de votre épuisette. Mais si vous le laissez approcher de quelque endroit de la rive, garni de saules ou d'autres arbres dont les racines s'étendent sous l'eau, la chevenne s'y réfugiera indubitablement et vous perdrez ligne et poisson.

Les meilleurs appâts pour ce poisson, lorsqu'on pêche à la volée sans plomb et sans flotte, sont les insectes vivants quels qu'ils soient. Quant aux appâts, pour la ligne au coup, on emploiera les vers rouges pendant le mois d'avril et de mai ; il faut en mettre deux sur l'hameçon. Pendant l'été vous garnirez votre hameçon de vers, de viande, de cerise, de raisin. Le sang caillé et le pain de creton seront réservés pour l'automne. Dans l'hiver, vous amorcerez avec de la cervelle de bœuf. On fait une excellente amorce de fond pour la chevenne, avec du pain de creton écrasé, détrempé à l'eau froide et pétri avec de la terre molle.

Au printemps on pêche dans le fort du courant ; depuis la fin de septembre jusqu'au commencement de mai, il faut pêcher dans une eau profonde en laissant traîner votre appât sur le fond, car dans cette partie de l'année, c'est là que se tient la chevenne. Elle se plaît aussi dans les trous et sous les bords des rivières minés par l'eau, entre les racines d'arbres et sous les branches pendantes des saules, et des aunes.

La canne que l'on emploie pour cette pêche est celle de la *figure* 2, page 15, avec la flotte en liége, *figure* 6, page 21. La ligne doit être en soie écrue terminée par un grand bout de boyau de ver à soie auquel on fixe un hameçon n°s 3, 4 ou 5.

Voici comment il faut s'y prendre pour réussir dans cette pêche : choisissez d'abord un haï, descendez-y du sang caillé renfermé dans un filet à petites mailles que vous amarrerez à une grosse pierre. Disposez ensuite votre ligne, d'après la profondeur que vous aurez reconnue avec la sonde, de manière que l'hameçon ne soit qu'à cinq centimètres du fond. Vous amorcerez cet hameçon avec des parcelles de sang caillé, des vers rouges ou des cerises. Il est probable, au moyen de ces précautions, que, parmi les chevennes attirées par les parties de sang qui se dissolvent dans l'eau, il s'en trouvera qui mordront à votre appât. Cette pêche réussit surtout le grand matin et le soir.

On peut aussi employer la canne à moulinet et la même ligne que pour la truite. Cette pêche qui commence en juin dure trois mois ; on s'y livre le matin et le soir, mais jamais dans la journée.

Comme il y a des chevennes de toutes les tailles, on
en prend beaucoup de petites avec la ligne à fouetter
en même temps que des ablettes, des gardons et d'autres petits poissons destinés à la friture. On la pêche
aussi au filet avec beaucoup de facilité.

Gardon (*Cyprinus rutilus*).

Ce poisson est remarquable par ses nageoires rouges, ce qui lui a valu le nom de *cyprin rose* qu'il ne
faut pas confondre avec le *cyprin rouge* ou *poisson rouge
de la Chine*. Ses écailles sont larges, son dos d'un noir
verdâtre et son ventre d'un blanc argenté. La plus
grande longueur de ce poisson est de vingt-cinq
centimètres. Son poids dépasse rarement cinq cents
grammes. Il habite les lacs et les rivières de l'Europe.
Le gardon est très-commun en France et surtout dans
la Seine, dans les étangs et les petites rivières des
environs de Paris.

Il fraie vers le milieu de mai et dépose ses œufs au
milieu des herbes aquatiques. Il multiplie beaucoup ;
on a trouvé plus de quatre-vingt mille œufs dans une
femelle.

La chair du gardon est assez bonne, mais remplie
d'arêtes : ce poisson, peu recherché d'ailleurs, ne
figure ordinairement que dans les fritures.

Au printemps, les gardons femelles remontent les
rivières pour frayer. Elles sont précédées plusieurs
jours à l'avance par les mâles, puis viennent d'autres
femelles, puis encore des mâles.

Ces groupes sont en général composés d'une centaine d'individus : si un danger quelconque disperse

le groupe, il ne tarde pas à se former de nouveau et à continuer sa route.

Pêche du gardon. — La pêche du gardon est facile dans les étangs, parce que dans ces espaces circonscrits, où la nourriture est peu abondante, ils sont loin d'avoir la vivacité et peut-être l'instinct des gardons qui habitent des eaux vives et courantes ; ici il faut plus d'adresse et de pratique chez les pêcheurs ; néanmoins M. Kretz assure que, quand on pêche dans des courants qui ont deux ou trois mètres d'eau, avec une canne à pêche bien légère, une ligne composée d'un seul crin, ou d'un boyau de ver à soie très-fin, et un hameçon n° 10 ou 11, on peut prendre, dans l'espace d'une journée, quinze kilog. de gardons, dont chaque poisson pèse de deux à trois cents grammes.

Si vous voulez faire la guerre aux gros gardons, prenez une ligne plus longue et plus solide. Ne laissez que trente-cinq à cinquante centimètres de distance entre le bout du scion et la flotte, afin d'être toujours en mesure de piquer vivement à la première morsure : car remarquez que les gardons, quelque gros qu'ils soient, mordent finement. Votre flotte ne doit paraître au-dessus de l'eau qu'autant que cela sera nécessaire pour que vous ne la perdiez pas de vue. La flotte n° 3, page 21, est très-convenable pour cette pêche, à moins que vous ne pêchiez dans une eau moins profonde ; alors prenez la flotte n° 2.

Quand vous piquerez le gardon, faites-le avec un mouvement de poignet et non en repliant le bras, car ce dernier mouvement serait trop fort ; vous risqueriez de rompre votre ligne ou de déchirer la bouche de ce poisson, qui est très-tendre.

Servez-vous de l'épuisette, quand vous voudrez
tirer votre prise de l'eau et que, par sa résistance et
son poids dans l'eau, elle paraîtra de bonne taille,
car votre ligne est fine et légère. Avec le gardon, on
réussit moins bien avec de fortes lignes : on en comprendra facilement la raison en songeant qu'il s'agit
ici d'un poisson timide et rusé, que votre ombre
seule peut effrayer. Au reste, si vous faites votre ligne
d'un seul crin de la flotte à l'hameçon, vous pouvez
sans aucun inconvénient employer, de la flotte au
scion, deux crins tordus. Il y aura alors moins de
chances de rupture. Ce seul crin peut même être remplacé avantageusement, sous le rapport de la solidité,
par un boyau de ver à soie très-fin. Toutefois, ces
lignes si fines ne sont indispensables que dans les
eaux claires et limpides.

Au mois de mai on pêche des gardons de taille
moyenne en amorçant en ligne avec la nymphe du
ver de viande vulgairement appelée *épine-vinette*, à
cause de sa couleur rouge.

On doit commencer par jeter des amorces de fond
dans l'endroit où l'on veut pêcher, c'est-à-dire des
pelotes de terre grasse, mêlée de son, de crottin de
cheval et d'épine-vinette. Amorcez ensuite votre ligne
avec une épine-vinette et descendez votre hameçon à
cinq centimètres du sol. Il va sans dire qu'auparavant
vous aurez sondé la profondeur de l'eau.

Remarquez que l'épine-vinette, ayant peu de consistance, serait promptement emportée si vous ne
piquiez pas vivement.

Ayez soin d'amorcer de deux heures en deux heures avec des pelotes garnies d'épine-vinette. Cette
pêche dure deux mois ; il faut choisir, pour s'y livrer

avec succès, un temps calme, car le moindre vent agitant la flotte, et le poisson mordant très-légèrement, vous ne sauriez quand il faudra piquer.

On peut également pêcher le gardon avec des jeux en novembre, en amorçant avec des vers de terre, parce qu'à cette époque les poissons se retirent au fond de l'eau.

On prend des gardons avec toutes les espèces de filets. Les petits gardons qu'on pêche avec l'échiquier ou carrelet servent à amorcer les hameçons à brochet.

Vandoise (*Cyprinus lenciscus*).

Ce poisson surnommé *dard* à cause de la rapidité avec laquelle il nage, est en général d'une couleur argentée ; son dos est brunâtre, son ventre blanc et ses nageoires blanches ou grises. Sa grandeur dépasse rarement trente centimètres ; sa nourriture consiste principalement en vers et insectes. Il habite les eaux courantes des parties tempérées de l'Europe ; il est assez commun dans les rivières de France.

La vandoise fraie en juin et dépose ses œufs sur les herbages ; elle multiplie considérablement ; sa chair présente beaucoup d'arêtes de même que celle du gardon ; et, quoiqu'elle soit légère et de facile digestion, ce poisson n'occupe point un rang distingué dans nos cuisines.

Pêche de la vandoise. — On procède pour la pêche de la vandoise de la même manière et avec les mêmes ustensiles que pour le gardon. On en prend quelquefois en pêchant la truite avec la mouche artificielle ou en pêchant les chevennes à la mouche vivante.

Dans la pêche au filet on prend beaucoup de petites vandoises pêle-mêle avec les ablettes, les gardons et autres poissons de friture.

Goujon (*Cyprinus gobio*).

On reconnaît ce petit poisson aux deux barbillons qui accompagnent ses lèvres ; son corps arrondi est couvert d'écailles assez grandes. Sa couleur est d'un bleu obscur sur le dos, plus clair sur les côtes et mélangé de blanc sur le ventre. Les nageoires sont d'une couleur jaunâtre mêlée de rouge.

La grandeur moyenne du goujon est de huit centimètres. Quoique appartenant à la même famille que les poissons blancs, il leur est infiniment supérieur par le goût et la consistance de sa chair.

Il abonde en France dans les rivières et les étangs dont le fond est pur et sablonneux.

Pêche du goujon. — Cherchez les endroits sablonneux pour pêcher du goujon, car vous n'en trouverez que là. Sondez la profondeur de l'eau, et, si vous la trouvez par exemple d'un mètre, donnez un mètre cinq centimètres à votre ligne, depuis la flotte jusqu'à l'hameçon, car il faut que celui-ci traîne sur le sable.

Remarquez que non-seulement le goujon reste habituellement au fond, mais encore qu'il a toujours la tête tournée vers le sable où il cherche apparemment sa proie.

Les lignes à goujon sont formées de quatre crins tordus ensemble ou d'un boyau de ver à soie. Ajustez la flotte en plume (*fig.* 1, page 21), ou la flotte en liége (*fig.* 5), et deux hameçons n° 11 ou 12, pour les

vers rouges, ou n° 14 ou 15, pour les vers de viande ;
ces deux hameçons doivent être à sept centimètres
l'un de l'autre. Placez au-dessous de la flotte deux
plombs n° 4, et choisissez la canne (*fig.* 1, page 15).

Amorcez vos hameçons avec des vers rouges ou
des vers bariolés dits de terreau, qui, dans cette
pêche, sont beaucoup préférables aux vers de viande.
Vous n'emploierez ceux-ci qu'à défaut d'autres.

Il faut commencer par attirer le goujon dans l'endroit où vous voulez pêcher, et pour cela vous employez un moyen qui ne réussirait point avec les
autres poissons, c'est de remuer fortement le sable
du fond de l'eau avec une perche. Le goujon accourt
aussitôt dans l'espoir d'y trouver des vers ou d'autres
insectes aquatiques, et, dès qu'il aperçoit votre hameçon garni d'un ver, il se jette goulûment dessus et ne
le quitte pas qu'il ne soit enferré. Aussi la pêche du
goujon est-elle aussi facile que récréative. Il m'est
arrivé, un jour que je pêchais dans la petite rivière
d'Étampes, de prendre jusqu'à trois kilogrammes de
goujons en moins de deux heures.

Pour la pêche au filet, c'est le contraire ; vous en
prendrez beaucoup en hiver avec la trouble et les
nasses. La pêche appelée *pilonée* se fait avec le carrelet ou échiquier. Choisissez un endroit où l'eau n'ait
guère qu'un mètre ou un mètre trente centimètres
de profondeur ; enfoncez votre filet jusqu'au sable,
ensuite pilonez-le pendant quatre à cinq minutes avec
une perche, garnie d'un tampon ou d'un bourrelet
d'étoffe à son extrémité ; puis retirez votre filet au
bout de quelques minutes et vous le trouverez garni
de nombreux goujons.

La meilleure époque de l'année pour la pêche aux

7

goujons est du 1er août au 1er octobre. Choisissez un temps où l'eau soit claire et pas trop froide, parce qu'alors le goujon, de même que beaucoup d'autres poissons, abandonne les bords pour se retirer au large.

La Perche goujonnière (*Acerina*).

Ce poisson ressemble beaucoup à la perche, surtout par sa nageoire dorsale qu'il dresse lorsque quelque danger le menace. Ses yeux et la partie supérieure de son corps ont un grand rapport avec ceux de la perche, mais il est plus petit. Il doit son surnom à sa ressemblance avec le goujon par la queue et par les taches de son corps. Sa taille ne dépasse guère 15 centimètres. Il se plaît dans les haïs à fond sablonneux. Il fraie ordinairement dans le courant d'avril. Sa pêche a lieu de mars en septembre. On estime assez sa chair, mais moins que celle de la perche.

Pêche de la perche goujonnière. — Vous amorcerez l'endroit où vous voulez pêcher avec quelques poignées de sable mêlées d'asticots. Servez-vous des mêmes ustensiles que pour la pêche du goujon, sauf que vous emploierez un hameçon n° 9, traînant légèrement sur le fond, et un hameçon n° 10 attaché à vingt-cinq ou vingt-six centimètres au-dessus du premier.

Amorcez votre hameçon avec un ver rouge ; mais ayez le soin de faire entrer l'hameçon assez avant dans le corps du ver, pour qu'il ne reste aucune partie de celui-ci pendante autour de la pointe de l'hameçon ; car la perche-goujonnière se bornerait alors à ronger le ver au lieu de mordre franchement à l'hameçon.

La perche-goujonnière étant beaucoup moins commune que le goujon, ne devient jamais comme celui-ci l'objet d'une pêche particulière ; on en prend en pêchant d'autres poissons.

L'Ablette (*Cyprinus alburnus*).

Ce petit poisson abonde dans toutes les eaux douces de l'Europe. Sa longueur varie de 8 à 15 centimètres. Sa forme, un peu aplatie, s'élargit vers le ventre ; sa tête, petite et pointue, est plate en dessus ; son dos est d'un bleu verdâtre et ses côtés gris argenté.

Les écailles de l'ablette servent à faire *l'essence d'Orient*, avec laquelle on imite si bien les perles. Ces écailles sont recouvertes d'une matière nacrée en forme de lamelles, et qu'on sépare avec la plus grande facilité par le frottement et plusieurs lavages. Ces lamelles, mises dans de l'ammoniaque, y acquièrent une mollesse et une flexibilité, qui leur permettent de s'appliquer aux parois intérieures du globule de verre, lorsqu'on y introduit la liqueur nacrée, par insufflation et à l'aide d'un chalumeau. Après l'application de ces lamelles, on laisse sécher doucement les perles: l'ammoniaque se volatilise, puis on remplit la fausse perle de cire fondue, pour lui donner de la consistance et de la solidité. C'est ainsi qu'on obtient une imitation parfaite de la perle la plus fine, et de la plus belle eau. Mais revenons à l'ablette.

Ce poisson, qui fraie en mai et juin, se multiplie

beaucoup. Il se plaît dans les eaux vives et courantes.
Quand la température est douce, il vient à la surface
de l'eau. Sa chair, molle et peu savoureuse, ne se
mange que frite. Comme l'ablette est fort commune,
elle fait la consolation des apprentis pêcheurs qui
n'ont point acquis encore l'adresse et l'expérience
nécessaires pour prendre de gros poissons. Aussi
abonde-t-elle dans les fritures que l'on sert dans les
guinguettes des environs de Paris. On en met dans
les étangs pour alimenter les gros poissons, et on
l'emploie avec beaucoup d'avantage pour amorcer
les lignes à anguille et à brochet.

Pêche de l'ablette. — La ligne destinée à cette pêche est très-fine ; elle est formée par trois brins de
crin ou de boyau de ver à soie. On lui donne quatre
mètres de longueur et on y fixe, à 30 centimètres les
uns des autres, trois hameçons n° 16 ou 17 (voyez
page 20) empilés sur un seul crin. On met à cette ligne un plomb n° 4 et la flotte n° 5 (voyez page 21).

Cherchez un endroit où l'eau ait un mètre à un
mètre trente centimètres de profondeur et un courant modéré. Vous disposerez votre flotte de manière
que les hameçons baignent à mi-profondeur de l'eau ;
car l'ablette nage continuellement entre deux eaux et
vient à la surface pour y chercher sa nourriture.
Amorcez ces hameçons avec des asticots.

Remarquez que ce petit poisson a l'ouïe extrêmement fine. Il fuit au moindre bruit et ne revient que
longtemps après. Dès que vous verrez la flotte remuer,
donnez un coup sec, car l'ablette ne fait que sucer
le ver, et, si vous tardez trop, elle abandonnera l'a-
morce. Cependant n'employez point trop de force

pour piquer, car l'ablette a la bouche tendre et vous pourriez la déchirer.

Pour mieux réussir, jetez de temps en temps à l'endroit où vous pêchez une poignée de crottin de cheval mêlé de vers. Vous attirerez encore mieux le poisson en plaçant au fond de l'eau un panier rempli de sang de bœuf caillé, mêlé de crottin de cheval. Vous maintiendrez ce panier en place au moyen d'un piquet que vous enfoncerez dans le fond de la rivière. Retournez pêcher le lendemain dans ce même endroit et vous serez étonné de l'abondance de votre pêche.

On prend également des ablettes avec la ligne à fouetter (voyez page 28). Elle doit être faite d'un seul brin de crin ou d'un boyau de ver à soie très-fin. On lui donnera trois mètres de longueur avec cinq hameçons n° 17 ou 18, espacés de 33 centimètres les uns des autres. Si vous avez soin de jeter de temps en temps une pincée d'asticots dans l'eau, d'imprimer à votre ligne le mouvement convenable, et enfin de pêcher en silence, vous ne pouvez manquer de prendre du poisson.

Vous pouvez encore pêcher l'ablette, pendant les mois d'été, avec une ligne légère et un seul hameçon n° 13 amorcé d'une petite mouche d'appartement que vous ferez flotter à fleur d'eau ; piquez vivement, mais légèrement, à la première atteinte. Cette ligne ne doit avoir ni plomb ni flotte.

La pêche de l'ablette se fait tout le long de la journée, depuis le mois de mars jusqu'au commencement de novembre.

La pêche au filet a lieu avec la trouble et le carrelet ou échiquier à mailles serrées. On comprend

qu'elle doit être infiniment plus productive que la
pêche à l'hameçon. On prend souvent, du même coup
de filet, le goujon, le chabot, la perche goujonnière,
le véron, la loche et l'ablette. Tous ces petits poissons, qui se prennent aux mêmes lignes, forment ce
qu'on appelle le *fretin de la pêche.*

Le Véron (*Cyprinus proximus*).

C'est avec l'épinoche, le plus petit des poissons de
France ; sa longueur n'excède pas huit centimètres.
Son corps arrondi est couvert d'écailles petites et vis-
queuses. Sa queue porte une tache brune ; sa tête est

d'un vert foncé ; le corps est tacheté de diverses couleurs, telles que noir, rouge, bleu, jaune. Les nageoires, tirant sur le bleu, sont piquetées de rouge. Ce
poisson aime les eaux vives et courantes, et se plaît
sur les fonds sablonneux. Il dépérit promptement
dans les eaux dormantes, marécageuses, et meurt
aussitôt qu'on le sort de l'eau. Il fraie en juin.

On le mange frit comme le goujon auquel on le
substitue souvent dans les fritures, mais il lui est
très-inférieur.

Pêche du véron. — Ce poisson, commun dans les pe-

tiles rivières qui coulent sur un fond de sable, habite
également les grandes rivières, telles que la Seine,
la Marne, l'Oise, la Loire, etc. On n'en fait point de
pêche particulière si ce n'est pour en faire des amorces destinées à la truite, au brochet ou à la perche.

La ligne de l'ablette peut servir pour le véron. La
canne doit être fort légère. Jetez votre ligne près
des vannes des moulins, à l'embouchure des ruisseaux dans les rivières, dans les gués, etc., et dès
que le poisson paraîtra mordre, piquez. Ne tentez
point la pêche du véron dans les temps orageux et
froids, et n'espérez point en prendre lorsque l'obscu-
rité sera venue.

La Loche (*Cobitis*).

Les loches ont le corps allongé, la tête petite, la
bouche peu fendue et des lèvres propres à la suc-

cion. On distingue deux espèces de loches : la *loche
franche* est remarquable par les six barbillons que
porte sa lèvre supérieure. Son corps cylindrique est
couvert de taches grises ; ses écailles, à peine visibles,
sont enduites d'une viscosité abondante. Ce poisson,
dont la taille ne surpasse point celle du véron, habite les rivières et les ruisseaux dont les eaux sont

vives et courantes. Il aime surtout celles qui viennent des montagnes. Sa chair est fort estimée. La loche fraie au printemps.

La *loche de rivière* n'a que deux barbillons attachés
a la lèvre supérieure ; les quatre autres appartiennent
à la lèvre inférieure. Elle se distingue encore par l'é-
pine fourchue située près de chaque œil. Son dos est
brun, le reste du corps est jaune, marqueté de taches
brunes. Sa taille est supérieure à celle de la loche
franche, mais sa chair, bien moins estimée, est molle
et sent la vase.

Pêche des loches. — On ne prend point de loches
à la ligne ; on ne les pêche qu'avec des nasses, des
verveux et pendant l'hiver avec la trouble.

La délicatesse et la finesse de la chair de la loche
franche font qu'on cherche à la conserver et même
à la multiplier dans des viviers. Voici le moyen
qu'on indique pour réussir dans cette opération.

Creusez à proximité d'une source une fosse de
deux mètres et demi de long sur un mètre de large,
et autant de profondeur. Revêtez votre fosse de
claies d'osier, laissant un intervalle de quinze centimètres entre les claies et les parois de la fosse. Rem-
plissez cet intervalle avec du fumier de bergerie bien
entassé, et garnissez le fond de la fosse de sept à huit
centimètres de sable et de quelques grosses pierres,
jetées çà et là, où les loches pourront frayer. Dirigez
ensuite l'eau de la source dans votre fosse et mé-
nagez-y une autre ouverture pour l'écoulement du
trop-plein.

Quand vous voudrez transporter des loches dans

ce vivier, vous aurez soin de choisir un temps frais
et d'agiter continuellement l'eau des vases qui contiennent votre poisson. Ces viviers produisent beaucoup quand ils sont bien conduits et qu'on a le soin
de donner aux loches des aliments supplémentaires,
tels que du chènevis, de la graine de pavot, de l'orge
cuit, etc. Si la multiplication des loches est trop
considérable pour l'espace indiqué ci-dessus, prati-
quez deux autres fosses, l'une pour le frai et l'autre
pour l'alevin.

La Bouvière (*Cyprinus amarus*).

Ce tout petit poisson, que les pêcheurs nomment
vulgairement *péteuse*, n'a jamais plus de six centimètres de longueur, sur deux dans sa plus grande largeur; étant très-mince, il est presque transparent
dans toutes ses parties. Ses écailles sont grandes; son

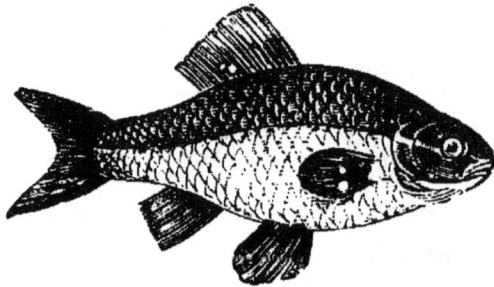

dos présente un mélange de jaune et de vert, son
ventre est d'un blanc assez vif. Les nageoires dorsales
et caudales sont verdâtres; les autres ont une teinte
rougeâtre.

Ce poisson habite les eaux courantes et pures; il
affectionne les fonds de sable. Sa chair est amère,
néanmoins on le trouve souvent mêlé à d'autres pois-

7.

sons de friture. Les pêcheurs en font peu de cas. On ne le pêche point à la ligne ; l'hiver on en prend dans les troubles ou dans les nasses. C'est une excellente amorce pour la pêche au vif de la perche.

L'Ombre (*Salmo thymallus*).

L'ombre doit son nom à la vitesse de sa marche. A peine a-t-on eu le temps de l'entrevoir dans l'eau qu'il a disparu. Il se plaît dans les eaux rapides. Sa tête, ses branchies et son dos sont bruns, nuancés de noir. Le ventre présente des teintes bleues et blanches. Sa nageoire dorsale, fort grande, est toujours dressée comme celle de la perche. Ce poisson se nourrit de vers, de mouches et d'insectes. Il fraye à la fin de mai. Sa taille dépasse rarement vingt-cinq centimètres, et son poids deux cent cinquante grammes. Sa chair est comparable à celle des truites. Elle est saumonée et n'a presque point d'arêtes.

Pêche de l'ombre. — Les habitudes de l'ombre étant à peu près les mêmes que celles de la truite, on peut employer les mêmes ustensiles et les mêmes appâts (voyez page 119). Au printemps et pendant l'été vous ferez bien d'amorcer avec un ver ou un asticot. Disposez votre ligne de telle façon que l'appât soit à trente centimètres du fond. Choisissez le n° 9 ou le n° 10 pour hameçon et ne mettez point de flotte ; mais piquez à la première morsure.

L'Éperlan (*Salmo eperlanus*).

Ce poisson, allongé et à demi transparent, a la

forme d'un fuseau. Sa tête est petite, ses yeux très-grands. Son dos est gris brun ; le reste du corps présente de belles teintes d'argent et vert clair. La taille de l'éperlan ne surpasse point quinze centimètres. Sa saveur est exquise. Son corps répand une odeur de violette.

Ce poisson, qui se pêche dans la mer ou à l'embouchure des grands fleuves, remonte ceux-ci pour frayer. Il est très-abondant à l'embouchure de la Seine. Il se nourrit de petits mollusques et de vers aquatiques.

Pêche de l'éperlan. — On ne le pêche point à la ligne, mais on en prend beaucoup à l'embouchure de la Seine avec la seine, les nasses, les guideaux et les carrelets ou échiquiers à petites mailles.

Il y a une espèce d'éperlan bâtard ressemblant à l'ablette et qui diffère du véritable éperlan par un corps moins allongé et par d'autres caractères. Sa taille ne dépasse pas sept à huit centimètres. On le pêche au filet dans la Seine et dans d'autres rivières, pêle-mêle avec le fretin destiné à la friture. Sa saveur est moins délicate que celle du véritable éperlan.

La Truite (*Salmo truita*).

La truite est, de même que le saumon, le plus complétement denté de tous les poissons. Les mâchoires, le palais, la langue sont garnis de plusieurs rangées de dents pointues et recourbées. Aussi la truite ne se nourrit-elle que de petits poissons, d'insectes et particulièrement d'éphémères, de libellules et de plusieurs sortes de diptères, qui volent à la sur-

face des eaux et après lesquels elle s'élance et qu'elle
saisit au vol.

La truite parvient ordinairement à la longueur de
trente-cinq à quarante centimètres. Ses écailles sont
petites; ses couleurs ont beaucoup d'éclat. Les côtés
de sa tête et du corps sont nuancés de vert doré : le
dos présente des taches brunes. Sur les flancs ces taches sont rouges. Ses nageoires pectorales présentent
des nuances brunes et violettes, l'anale offre un mélange de jaune d'or, de pourpre et de gris perle; la
dorsale est parsemée de taches purpurines : enfin la
nageoire ventrale et la queue sont dorées.

La truite se plaît dans les eaux vives et courantes,
qu'elle aime à remonter quelle que soit leur rapidité.
Elle franchit ainsi des chutes d'eau et parvient de cascade en cascade jusqu'à des lacs situés à une assez
grande élévation dans les montagnes : elle y trouve
la température fraîche qu'elle recherche, car la chaleur lui est nuisible; c'est la raison pour laquelle on
en trouve dans la Seine.

Le temps du frai, chez les truites, varie selon les
climats; mais en France il a ordinairement lieu vers
la fin de septembre ou au commencement d'octobre.
Elles recherchent alors les petits ruisseaux dont l'eau,
claire et rapide, coule sur un fond de gravier, et elles
déposent leurs œufs jaune-orangé et un peu plus petits que des pois, sur de grosses pierres. C'est là que
le mâle vient les féconder.

La truite n'est guère moins vorace que le brochet;
elle détruit de même les petits poissons, tels que loches, vérons, ablettes, etc. C'est, au reste, un très-
beau poisson ressemblant pour la forme et les couleurs au saumon, mais il est plus petit. Cependant il

acquiert une taille et un poids considérables dans certaines localités. On en a pêché du poids de quatre à cinq kilogrammes, mais le poids le plus ordinaire d'une truite est d'environ cinq cents grammes.

La délicatesse de la chair de la truite l'a placée au premier rang des poissons d'eau douce. Elle est d'une digestion si facile qu'on la permet aux estomacs les plus débiles. Le mérite de ce poisson fait qu'on a cherché à le multiplier dans les viviers et à en peupler les eaux de la France. Plusieurs personnes telles que le pêcheur Remi, M. Coste, professeur au Collége de France, se sont occupés avec succès de la fécondation artificielle des truites, saumons, et autres poissons. Nous renverrons le lecteur à ce que nous avons dit plus haut (voyez page 5).

Les personnes qui voudront créer un étang à truites, lequel est d'un grand rapport lorsqu'il est bien conduit, doivent remarquer que la nature des eaux a une grande influence sur les truites. Cette eau doit être claire et froide sur un fond de gravier. Il faut que la source qui l'alimente soit assez abondante, et y amène une eau vive et limpide. Il est bon que l'étang soit ombragé par quelques arbres, qui entretiendront la fraîcheur de ses eaux. Au fond de l'étang, de grosses pierres serviront à recevoir le frai. Il sera surtout nécessaire de le curer parfaitement avant d'y mettre des truites, car l'eau bourbeuse leur serait mortelle : les plantes aquatiques surtout doivent être soigneusement extirpées. L'étang devra avoir deux ou trois mètres dans sa plus grande profondeur ; enfin on y multipliera les goujons, loches, vérons, et autres petits cyprins, pour fournir aux truites une nourriture suffisante. De temps en temps on jettera dans l'étang du foie et des débris d'animaux, hachés.

Les bondes par où s'écoulera le trop-plein de l'étang doivent être garnies d'un morceau de toile métallique, qui arrêtera le frai et l'alevin ; et durant l'hiver on rompra la glace pour donner de l'air au poisson.

Pêche de la truite. — On emploie la canne n° 3 (voyez page 15), si on pêche la truite au fond. Cette canne devra être garnie d'un moulinet à engrenage ou multiplicateur, et avoir un fort scion. Au printemps amorcez avec des vers de terre ou de fumier, et mettez-vous à pêcher de bon matin ou à la fin du jour. Vous pourrez également pêcher au milieu d'une journée nébuleuse ou par un temps orageux. Ne mettez pas de flotte à votre ligne et fixez le plomb à vingt-deux centimètres au-dessus de l'appât, afin que le ver descende au fond. Arrangez-vous de manière que le ver reste vivant, et que la pointe de l'hameçon soit cachée dans son corps. La truite refuserait un appât privé de vie, et, comme c'est un poisson fort défiant, la vue de la pointe de l'hameçon l'empêcherait de mordre à l'appât. Au reste, cette pêche ne réussit que lorsque l'eau est trouble, ou par un temps obscur ; le silence le plus profond est de rigueur.

Lorsque vous sentirez mordre, donnez de la ligne, mais si vous sentez ensuite deux ou trois coups répétés, piquez vivement. Vous prendrez, pour mettre le poisson à terre, toutes les précautions que vous suggéreront la prudence et les préceptes relatifs à cette partie importante de l'art du pêcheur à la ligne. Souvenez-vous seulement que la truite est très-forte, et se débat avec tant de violence que si les ustensiles ne sont pas solides et si vous voulez brusquer votre conquête. vous risqueriez de la perdre.

Le véron mort est un bon appât pour la truite surtout si vous le traînez contre le courant dans les haïs
et vis-à-vis les vannes des moulins. Vous aurez encore plus de succès avec le véron vivant dans les
eaux profondes et ombragées ; ne mettez point de
flotte à votre ligne, elle effraie la truite et l'éloigne
de l'appât.

Vous amorcerez avec le véron vivant en l'accro-
chant sous la nageoire dorsale avec l'hameçon nº 5.
Faites plonger votre appât aux deux tiers de profondeur de l'eau.

Les trois premiers mois de l'année sont les meilleurs pour la pêche à fond ; cependant, durant la chaleur de l'été, cette pêche réussit bien dans les tour-
billons et dans les haïs.

Quelquefois, après avoir amorcé avec un véron mort
on traîne l'appât à travers le courant. On déroule
une quantité de ligne égale à la longueur de la canne,
et l'on pique deux ou trois minutes après que la truite
aura mordu et cela afin qu'elle ait eu le temps d'avaler l'appât. Cette manière de pêcher en traînant l'appât s'appelle *rouler* ou *roder* la truite.

Pêche de la truite à la mouche artificielle. Nous avons
déjà indiqué les principes de ce genre de pêche à la
page 29. Nous rappellerons que les lignes très-fortes,
doivent être de soie et de crin, tordus ensemble. On
doit leur donner trente mètres. Cette longueur est nécessaire pour amortir la violence des efforts que fait
la truite pour s'échapper, car la plus grande partie
de la ligne étant enroulée sur le moulinet, on lui en
donne d'abord une certaine quantité, qu'on reprend
à mesure qu'elle s'affaiblit.

La pêche de la truite à la mouche vivante s'opère avec les mêmes ustensiles que pour la mouche artificielle. Les professeurs de pêche recommandent d'amorcer avec deux mouches, en faisant entrer la pointe de l'hameçon dans la partie la plus grosse de la mouche, c'est-à-dire dans le ventre et les plaçant de façon que leurs têtes soient opposées. Tâchez en opérant de ne point tuer l'appât et même de ne l'endommager que le moins possible. Depuis le mois d'avril jusqu'au mois d'août, servez-vous des mouches de la saison, toutes réussissent à peu près également. Si elles sont toutes petites, mettez-en jusqu'à trois sur un hameçon.

Toutefois, voici quelques observations sur l'emploi des divers insectes ; si vous amorcez avec une abeille vivante, il faudra faire sortir l'aiguillon en pressant son ventre ou saisir cet aiguillon avec de petites pinces. Aux hannetons, qui forment également un bon appât, on ôtera les élytres, ainsi qu'aux autres coléoptères dont on voudrait faire un appât.

Remarquons ici qu'en général, on prend bien plus de poissons avec des mouches naturelles qu'avec des mouches artificielles.

Nous parlerons cependant ici d'un appât nommé *diable* ou *tue-diable* destiné aux grosses truites. Ce sont des chenilles faites en cuir et en soie de plusieurs couleurs et entourées de fils d'or et d'argent. La queue en argent, ou simplement en fer-blanc, imite celle d'un poisson. Cet appât meurtrier est garni de sept hameçons. Il est fixé sur trois bouts d'excellente racine joints ensemble par des émérillons, ce qui permet à l'appât de tourner dans tous les sens (voyez la *fig*. 9, page 50). Ces diables se trouvent tout fabriqués chez les marchands d'ustensiles de pêche.

La pêche au filet de ce poisson se fait avec le tramail, les louves ou les nasses. On recommande de mettre dans celles-ci, comme appât, des morceaux de vieux linge imbibés d'huile de lin ou de chènevis.

La Truite saumonée.

Ce poisson, qui pour la taille tient le milieu entre le saumon et la truite ordinaire, a la chair rougeâtre. Il possède toutes les habitudes de ces deux espèces de poissons et a même été regardé pendant longtemps comme un métis auquel on refusait la faculté de se reproduire, mais cette erreur a été reconnue. La truite saumonée est bien une espèce distincte et particulière.

Ses mâchoires sont garnies de dents pointues et recourbées qui s'emboîtent les unes dans les autres. La langue et le palais sont également pourvus de plusieurs rangées de dents comme chez la truite.

Le museau et le dessus de la tête sont noirs, les joues présentent un mélange de jaune et de violet. Le ventre est blanc ainsi que la gorge ; quelques taches noires sont répandues çà et là sur son corps.

La truite saumonée acquiert jusqu'à 60 à 70 centimètres de longueur et pèse quelquefois jusqu'à 4 kilogrammes.

C'est vers le mois de mai que la truite saumonée quitte la mer et remonte dans les fleuves et les rivières afin de déposer ses œufs ou sa laite. Sa chair est délicieuse surtout lorsqu'elle est pêchée dans des eaux vives et pures.

Sa pêche se pratique exactement de la même manière que celle de la truite ordinaire, mais elle exige des ustensiles encore plus solides.

Le Saumon (*Salmo salar*).

Ce poisson, le plus grand du genre saumon, n'est pas moins bien armé que les truites; aussi sa voracité est-elle extrême. De même que la truite, il est porté par son instinct à remonter toujours les eaux dans lesquelles il est entré. Quelquefois, de cascade en cascade, il va s'échouer au sommet des montagnes dans des rigoles contenant à peine assez d'eau pour le porter. La truite, mieux avisée, se risque moins dans les eaux sans profondeur et retourne dans quelque gouffre.

Les côtés du saumon sont bleus ou verdâtres vers le haut, et argentés en bas. Le dos, le front et les joues sont noirs. Une teinte d'un jaune rougeâtre couvre la gorge et le ventre. Les nageoires anales et ventrales sont d'un jaune doré. Les pectorales de la même couleur sont bordées de bleu; la première dorsale est grise avec des taches brunes; la seconde est noire et la caudale bleue. Quelques taches noires, irrégulièrement semées, parsèment le corps du saumon.

Ce poisson abondant habite la mer dans le voisinage de l'embouchure des fleuves, mais au commencement du printemps la femelle remonte ces fleuves, suit les rivières et va déposer ses œufs dans une espèce de fosse creusée dans le sable, puis le mâle vient à son tour y répandre sa laite.

Les saumons suivent un certain ordre dans ces mi-

grations périodiques. Une femelle, la plus grosse de
la troupe, marche en tête, les autres femelles la suivent nageant deux à deux, puis
viennent les mâles et enfin les
jeunes saumons. Ils franchis-
sent dans le même ordre les
cascades et les digues, car le
saumon peut s'élancer à une
hauteur de quatre à cinq mètres hors de l'eau. Pour cela
il se courbe en demi-cercle,
s'appuie contre un corps solide tel qu'une pierre, et, redressant son corps avec la
force et la vitesse d'un ressort, il s'élance au-dessus de
l'obstacle.

La vitesse avec laquelle nage le saumon égale celle d'une
locomotive de chemin de fer,
car il peut faire 40 kilomètres
dans l'espace d'une heure.

Les saumons affectionnent,
à l'époque du froid, les petites rivières et les ruisseaux
dont l'eau plus rapide coule
sur un fond sablonneux. Ils
reviennent, dit-on, chaque
année déposer leurs œufs au
même endroit. On dit égale-
ment que si deux mâles se rencontrent auprès d'une
femelle, ils se battent avec acharnement jusqu'à ce
que le plus faible ait quitté la place.

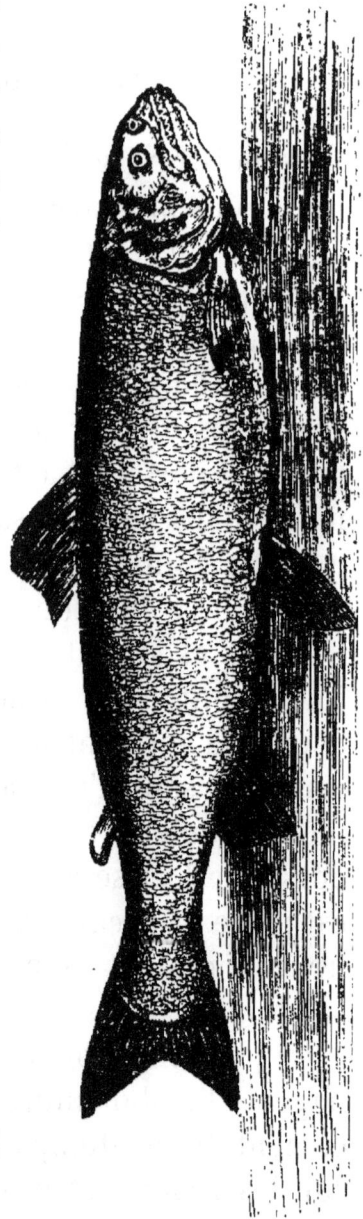

Ce n'est que vers la cinquième année que les saumons s'occupent de leur reproduction : après le frai, ils retournent vers la mer. Les jeunes saumons qui ont pris naissance dans les *frayères* (c'est ainsi qu'on nomme la fosse creusée par la femelle), n'y vont que lorsqu'ils ont acquis une longueur de 27 à 30 centimètres.

A l'âge de cinq ou six ans, le saumon pèse 5 à 6 kilogrammes. Dans les contrées du Nord, il parvient à un poids et à une grandeur infiniment plus considérables. En Suède et en Écosse, on en a pêché du poids de 35 à 40 kilogrammes.

Leur nourriture consiste en insectes, vers et petits poissons. De même que la truite, ils s'élancent au-dessus de la surface de l'eau pour choisir les mouches aquatiques.

La chair du saumon est fort estimée, quoique moins facile à digérer que celle de la truite. Elle est d'ailleurs fort nourrissante. Dans les pays du Nord, et même en France, on coupe le saumon par tranches, puis on le sale et on le fume ; mais, ainsi préparé, il est bien inférieur au saumon frais.

Pêche du saumon. — Le saumon ne se trouve point dans toutes les rivières de France, mais il abonde particulièrement dans le Rhône, la Loire, la Moselle, la Meuse, le Doubs, l'Orne, la Somme, l'Allier et la Saône.

La pêche à la ligne se fait pour le saumon de même que pour la truite ; toutefois la canne et la ligne doivent être plus fortes et les mouches qui servent d'appât plus grosses.

Pour la pêche au filet, on emploie l'épervier, la

seine, les guideaux et les verveux. On tourne du côté
d'aval, à l'embouchure des rivières, l'ouverture de ces
derniers filets, afin d'arrêter les saumons lorsqu'ils
montent pour frayer. On ajoute des *ailes* aux verveux,
et même aux guideaux, afin de diriger les saumons
vers l'entrée du filet. On en prend beaucoup de cette
manière.

La Lotte (*Gadus lota*).

Ce poisson, dont le corps allongé et presque cylindrique, est, de même que l'anguille, recouvert d'une
matière visqueuse. Ses écailles sont petites. Ses mâchoires sont garnies de sept rangées de dents aiguës ;
sa mâchoire inférieure est garnie d'un barbillon. Son
corps est jaune, tacheté de noir et de brun au-dessus ;
en dessous il est blanc également tacheté.

La lotte habite de préférence les eaux courantes et
limpides. Elle se creuse des trous où elle se blottit ;
là, agitant ses barbillons, elle attire les petits poissons qui les prennent pour des vers et elle en fait sa
proie.

Ce poisson fraie en décembre et en janvier. Il multiplie beaucoup et croît rapidement. Sa longueur la
plus ordinaire est entre 32 et 65 centimètres. Sa chair
blanche est de bon goût. On estime beaucoup son
foie qui est très-volumineux ; ses œufs sont purgatifs.

Ce poisson a presque la vie aussi dure que l'anguille. On peut le conserver plusieurs jours vivant,
dans un endroit frais, en le nourrissant de très-petits
poissons, ou, à défaut, de morceaux de viande.

Pêche de la lotte. — On ne la pêche qu'aux filets
tels que verveux, nasse et trouble pendant l'hiver.

On la prend aussi avec des lignes de fond disposées pour l'anguille. Jamais ou du moins bien rarement, on ne prend ce poisson dans le jour, car il ne sort que la nuit des trous où il se cache.

L'Alose (*Clupea alosa*).

Ce poisson, qui appartient au sous-genre du hareng, lui ressemble beaucoup pour la forme. Il habite les mers d'Europe et remonte dans les fleuves en mars et avril pour déposer son frai, puis il retourne à la mer en automne.

Le dos de l'alose est d'un jaune verdâtre, ses côtés sont blancs. Ses écailles grandes et dures se terminent en pointe aiguë ; ses nageoires grises sont bordées de bleu. L'alose acquiert souvent une longueur d'un mètre ; mais son poids, qui répond peu à sa taille, n'est au plus que de deux kilogrammes.

Ce poisson se nourrit de petits poissons, de vers et d'insectes. Sa chair est très-estimée, mais seulement aux époques où elle habite l'eau douce. On en pêche beaucoup dans la Loire. Le Rhône, le Rhin et la Saône en nourrissent également.

Pêche de l'alose. — C'est vers la fin de juin que l'on pêche les meilleures aloses. Cette pêche commence dans le mois de mars. Ce poisson affectionne les anses et les baies où l'on trouve des eaux tranquilles. Lors des temps d'orage il s'enfonce dans les profondeurs de l'eau. Les nuits obscures et les temps où l'eau est trouble conviennent à la pêche de l'alose, qui ne se fait qu'au filet. A cet effet on emploie les

nasses, la trouble, le tramail et la seine qui prend
alors le nom d'*alosier*.

Lamproie (*Petromyzontes maximus*).

Ce poisson, en forme de serpent et dépourvu de
nageoires pectorales, a sept trous branchiaux de
chaque côté de la tête. Sa bouche est arrondie, plusieurs rangées de dents sont disposées en cercle dans
sa bouche, elles sont creuses et recourbées ; la langue
présente également des dents. Le corps est recouvert
d'une peau lisse, visqueuse et glissante, dont la couleur est d'un vert brun sur la tête. Des nuances bleues,
verdâtres, jaunes et blanches, marbrent le reste du
corps. La queue est bleuâtre.

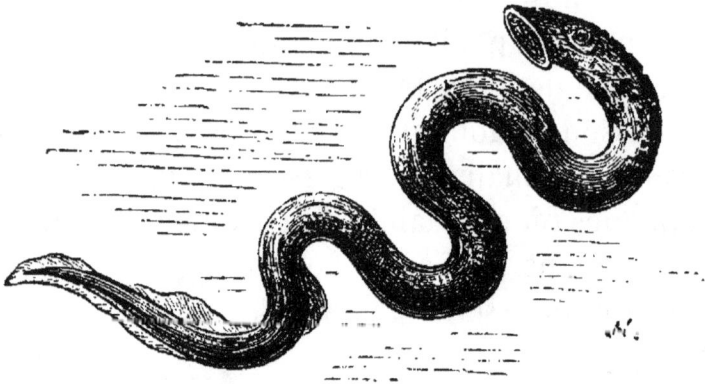

La lamproie, dont la taille s'élève quelquefois jusqu'à un mètre, habite la mer ; mais au mois de mars
elle remonte dans les rivières pour frayer, et y multiplie beaucoup. Ce poisson nage assez rapidement,
mais en décrivant des cercles.

La langue de la lamproie, qui se porte en avant ou
en arrière comme un piston, lui donne la faculté

d'opérer une forte succion ; caractère essentiel des poissons de ce genre, qui tantôt se fixent aux pierres, au bois ou autres corps solides, tantôt attaquent et percent de gros poissons. La chair de la lamproie est très-estimée, mais un peu huileuse et d'une digestion difficile.

La *lamproie rouge*, nommée par les pêcheurs *lamproie sept-œils*[1] ou *aveugle*, à cause de la petitesse de ses yeux, se pêche dans la Seine. Le haut de sa bouche ronde présente deux grosses dents écartées ; sa taille varie entre trente-deux et cinquante centimètres.

La *lamproie sucet*, ou petite *lamproie de rivière*, n'a que dix-neuf à vingt-deux centimètres de longueur. Elle s'attache par sa bouche au-dessous du ventre des aloses, dont elle suce le sang.

Ces deux dernières espèces sont celles que les pêcheurs prennent le plus souvent. Elles sont estimées, mais inférieures à celles que l'on pêche dans l'Eure.

Les lamproies ne se pêchent jamais à la ligne, car elles ne font que sucer, mais on les prend de la même manière que l'anguille, avec des nasses, des louves et des verveux.

Le Chabot (*Cottus gobio*).

Ce poisson, fort commun dans la Seine, se fait remarquer par une grosse tête à laquelle s'attache un corps de forme conique. Ce corps de couleur brune est tacheté de noir. Il est jaunâtre en dessous chez

---

[1] Le surnom de *sept-œils* se rapporte ici au nombre de trous branchiaux par lesquels l'animal respire.

les mâles et blanc chez les femelles ; une matière
visqueuse et abondante le recouvre. Sa longueur
varie entre 8 et 10 centimètres. La chair du chabot
est grasse, mais assez délicate. Toutefois on le prise
peu à cause de sa forme qui le fait ressembler au
têtard. On le mange ordinairement frit, et mêlé à
d'autre fretin.

On le trouve dans presque tous les ruisseaux et
rivières de la France. Il aime les courants rapides et
nage avec vélocité.

Ce petit poisson, qui fraie en mars et avril, multiplie beaucoup. Il est tellement vorace qu'il n'épargne
pas même sa progéniture

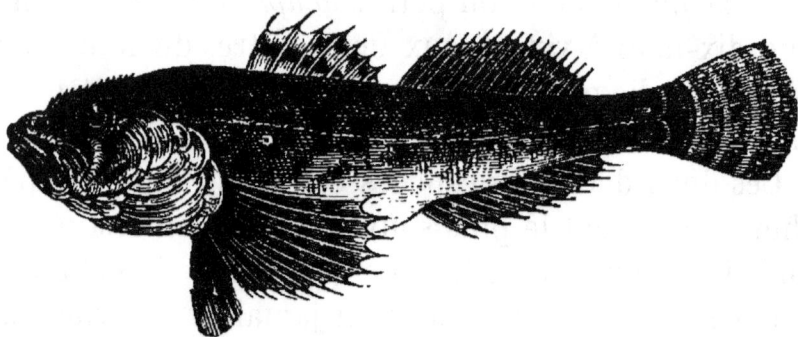

Pêche du chabot. — Le chabot ne mordant jamais à
l'hameçon, ne se pêche point à la ligne, mais on le
prend avec des nasses et la trouble. Pour cela il faut
agiter fortement l'eau pour le faire sortir du trou où
il se cache, ou dessous les pierres où il se blottit
pendant le jour.

On le pêche également à la fouane [1], quand on
l'aperçoit endormi au fond d'une eau claire. Mais en
général on ne fait guère de pêche particulière du

[1] Voyez, pour l'usage de la fouane, la pêche de l'anguille, p. 99.

chabot, quoiqu'il soit très-convenable pour servir d'amorce aux lignes de nuit pour anguilles.

L'Épinoche (*Asterosteus aculeatus*).

Ce petit poisson, connu des pêcheurs sous le nom de *savetier*, est remarquable par les trois aiguillons qu'il porte sur le dos et qui, se redressant dès qu'il se voit menacé de quelque danger, restent dans la même position après sa mort. Deux autres aiguillons soutiennent les nageoires ventrales.

La taille de ce poisson, le plus petit de nos eaux douces, excède rarement sept centimètres. Son corps est vert au-dessus et d'un blanc teinté de rouge au-dessous. Il est en partie couvert de plaques osseuses qui lui servent de bouclier.

L'Épinoche si bien armé ne redoute pas la voracité des grands poissons, il défie même celle du brochet ; aussi se multiplie-t-il considérablement et c'est en quelque sorte le fléau des étangs, car il consomme beaucoup sans pouvoir lui-même servir de nourriture aux autres poissons. Sa voracité est extrême ; Backer a vu un épinoche dévorer en cinq minutes soixante-quatorze poissons naissants, longs chacun de sept à huit millimètres.

L'épinoche habite les eaux vives ou stagnantes et se nourrit de larves, d'insectes et de têtards. Il fraye en avril et mai, et se construit alors au fond des eaux tranquilles un véritable nid où il dépose sa progéniture. A certaines époques, ces poissons apparaissent en quantité innombrable dans quelques contrées et particulièrement en Angleterre. Aux environs de Spalding, ville située sur la rivière de Welland (*comté de Lincoln*), on en prit une année des quantités si considérables, qu'on les répandit sur la terre en guise de fumier. Un pauvre pêcheur qui en recueillait pour en vendre aux laboureurs, gagna jusqu'à cinq francs dans une journée, quoiqu'il ne prît qu'un sou par boisseau d'épinoches.

L'épinoche a beaucoup de souplesse et de vivacité ; Backer en a vu sauter à plus de trente centimètres hors de l'eau. Quelques personnes ayant voulu en conserver dans les mêmes bocaux que des poissons rouges, ceux-ci n'ont pas tardé à s'apercevoir qu'ils avaient de fâcheux voisins. Ils s'en voyaient sans cesse poursuivis et finissaient toujours par être éventrés.

Voici sur les mœurs de ce poisson querelleur quelques détails curieux :

« Ayant à différentes reprises conservé plusieurs de ces petits poissons pendant le printemps et une partie de l'été, j'ai pu faire sur leurs habitudes des observations suivies, et dont les résultats me paraissent assez curieux. Le vaisseau dans lequel je les tiens d'ordinaire est une auge en bois d'un mètre de longueur, deux de largeur et autant de profondeur. Lorsqu'ils y sont mis pour la première fois, et pendant un jour ou deux, on les voit nager en troupe comme pour faire une reconnaissance de leur nouvelle habitation.

« Bientôt dans le nombre il s'en trouve un qui prétend s'ériger en maître de l'auge, et si quelque autre essaie de s'opposer à sa domination, il en résulte aussitôt un combat furieux. Les deux adversaires tournent rapidement l'un autour de l'autre, essayant de se mordre (et leur bouche est très-bien garnie de dents), ou plus souvent encore de se percer de

leur aiguillon ventral, qui dans ces circonstances est
toujours tendu en travers. J'ai vu de ces batailles du-
rer plusieurs minutes avant que la victoire se décidât ;
mais quand enfin un des combattants se sentant plus
faible commence à fuir, il est aussitôt poursuivi par
l'autre avec un incroyable acharnement, et cette
chasse ne cesse que lorsque les forces de tous les deux
sont complétement épuisées. »

« A partir de ce moment, il s'opère dans le vainqueur un changement des plus remarquables. Sa
robe, qui était d'un vert sale et tacheté, se pare de
brillantes couleurs. Le ventre, la gorge et la mâchoire
inférieure prennent une belle teinte cramoisie et le
dos devient vert clair.

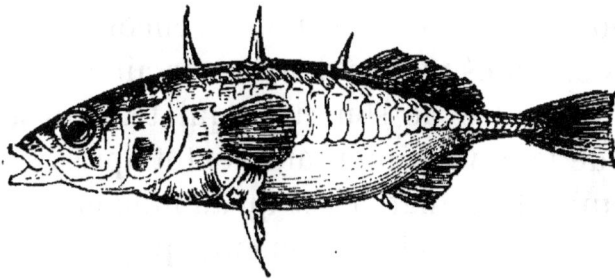

« J'ai vu quelquefois trois ou quatre parages de la
cuve occupés par autant de ces petits tyrans, qui
gardaient leurs territoires avec tant de vigilance que
la moindre apparence d'envahissement de la part
d'un autre poisson amenait inévitablement un combat. L'épinoche, comme presque tous les autres animaux, ne se bat jamais mieux que sur son propre
terrain ; aussi, dans presque tous les cas, celui qui a
commis l'invasion a le dessous ; si pourtant il est
vainqueur, il ajoute à son ancien domaine le domaine
du vaincu. Celui-ci prend aussitôt des manières et

un extérieur conformes à sa nouvelle fortune ; ses mouvements ont perdu presque toute leur vivacité; et sur sa robe le pourpre, le vert brillant ont fait place à une teinte olivâtre et tachetée. Au reste, cette humble apparence ne suffit point pour calmer la colère du vainqueur, qui encore assez longtemps après s'acharne à sa poursuite.

« Il est presque superflu de faire remarquer que ces habitudes ne se remarquent que chez les mâles; les femelles sont toutes d'un naturel pacifique.....

« Les morsures que se font ces rivaux terribles entraînent quelquefois dans le blessé la perte de la queue; non que cette partie soit séparée d'un seul coup, mais parce que la gangrène est souvent la suite de blessures en cet endroit. Celles que font les épines sont peut-être plus dangereuses encore : et j'ai vu dans ces batailles un des deux adversaires ouvrir largement le ventre de son rival, qui tombait aussitôt au fond de la cuve et mourait bientôt après.

« Ce qui est étrange, c'est qu'au moment de mourir, le blessé reprend les couleurs que sa défaite lui avait fait perdre ; toutefois ces couleurs n'ont pas tout à fait le même éclat ni la même netteté qu'auparavant. » (*Magasin pittoresque.*)

On comprend facilement qu'on ne s'occupe jamais de la pêche de l'épinoche. Le pêcheur à la ligne est toujours désappointé, lorsque au lieu d'un goujon ou d'une ablette, il tire de l'eau un épinoche qui ne peut même pas servir d'appât. Dans les pays où il est très-abondant, on en tire de l'huile.

Nous donnons ci-contre les figures de plusieurs poissons que nous avons réunis en une planche afin

8.

que le lecteur puisse plus facilement se rendre compte de leur grosseur comparative.

Carpe
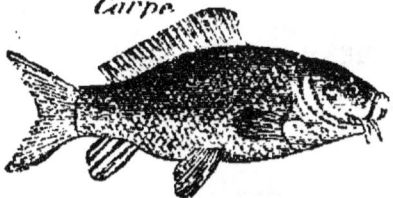

Tanche

Barbeau
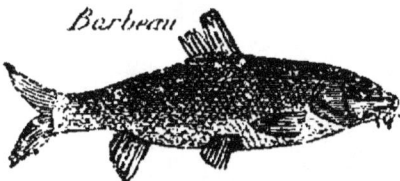

Vandoise

Chevanne
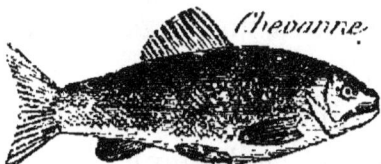

Gardon

Brême
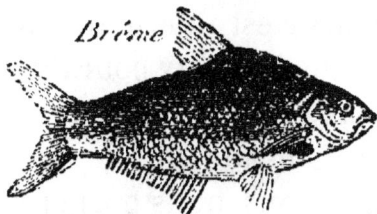

Goujon

Perche goujonnière

Able ou Ablette

Ombre

Eperlan

CHAPITRE V

L'Écrevisse (*Astacus fluviatilis*).

Tout le monde connaît ce crustacé qui figure sur les bonnes tables sous la forme de *buisson* ou comme ornement des tourtes.

Les écrevisses abondent dans les rivières et les ruisseaux. On en trouve également dans les lacs et les étangs, mais leur chair est inférieure en qualité à celles que l'on pêche dans les eaux courantes.

Nous ne décrirons pas minutieusement ici la forme extérieure de l'écrevisse, beaucoup plus compliquée que celle des poissons ; nous nous bornerons à faire remarquer que les yeux, en forme de demi-globe, peuvent rentrer ou sortir à volonté de la cavité qui les contient : que les anneaux qui composent la queue sont garnis en dessous de filets auxquels l'écrevisse femelle attache ses œufs. Les mâles ont aussi des filets, mais on en ignore l'usage. En sortant de l'ovaire, l'œuf est attaché à un fil, auquel il reste suspendu jusqu'à ce que la femelle le fixe, en repliant fortement la queue, à l'un des filets nombreux qui la garnissent. Ces œufs, d'un brun rougeâtre, et en

grand nombre. forment une sorte de grappe. Les petites écrevisses sont de la même forme que la mère
en sortant de l'œuf. Elles restent blotties dix ou douze
jours sous sa queue à l'abri de tout danger. et. à
mesure qu'elles grandissent, elles abandonnent cet
asile.

Tous les ans, à la fin du printemps, les écrevisses
se dépouillent de leur test, c'est-à-dire de l'enveloppe
calcaire qui les entoure ; peu de jours après un nouveau test a remplacé l'ancien. Ce changement faci-
lite leur accroissement qui ne pourrait avoir lieu,
renfermées comme elles le sont, dans une enveloppe
pierreuse. Il paraît toutefois que cette opération de
la nature n'est pas sans danger pour elles, car quelquefois elles y succombent.

Le même que chez le lézard, la grenouille et plusieurs autres animaux, les membres de l'écrevisse
se reproduisent lorsqu'ils ont été séparés par accident. Lorsqu'on leur casse une patte, elle tombe
entièrement et repousse. Il n'en est pas de même
de l'amputation de leur queue; elle est toujours
mortelle.

La nourriture de l'écrevisse consiste en substances
animales. Insectes morts ou vivants, vers, poissons
morts, chairs en putréfaction, tout leur convient.
Lorsque ces aliments leur manquent, elles se mangent entre elles. L'hiver, elles restent dans leurs
trous et ne mangent presque point.

Les écrevisses multiplient beaucoup dans les eaux
qui leur conviennent, mais il est assez difficile de
peupler un étang de ces crustacés, surtout si ceux
qu'on y transporte habitaient des eaux vives. Dans ce
cas, ils sortent quelquefois de l'étang pour chercher

une demeure qui leur convienne mieux, et on les trouve morts sur la terre.

Les écrevisses sont bonnes à manger au bout de la quatrième année. On peut les conserver vivantes plusieurs jours en les couvrant d'herbes fraîches, ou dans un baquet avec de l'eau.

Pêche des écrevisses. — Rien n'est plus facile que la pêche des écrevisses. Celle de jour consiste à les prendre sous les pierres qui leur servent de retraites ou dans les trous où elles se retirent ; mais on est obligé d'entrer dans l'eau quelquefois jusqu'à mi-corps. Remarquez que les trous des écrevisses sont de dix à vingt centimètres au-dessous du niveau de l'eau. En y enfonçant votre bras, il n'y a à craindre ni la morsure d'un rat d'eau, ni celle d'une couleuvre, comme de mauvais plaisants l'ont fait croire à bien des pêcheurs ; et cela par l'excellente raison qu'un rat d'eau ou une couleuvre ne pourraient vivre dans un trou placé au-dessous du niveau de l'eau: ils seraient promptement asphyxiés. L'écrevisse, de son côté, ne vivrait pas longtemps au-dessus de l'eau, qui est son élément naturel.

Toutefois, si on n'a à craindre ni les morsures des rats d'eau ni celles des couleuvres, il faut éviter de se faire pincer les doigts par l'écrevisse, et cependant cela arrivera presque toutes les fois où, après l'avoir touchée dans son trou, vous voudrez, par l'effet d'une crainte assez naturelle, retirer votre main. Poussez au contraire en avant, saisissez votre proie par le milieu du corps, et vous ne serez point pincé.

La pêche de nuit se fait aux flambeaux. Elle est

surtout avantageuse lorsqu'il fait chaud et que le temps est à l'orage. On voit alors les écrevisses se promener sur le sable au fond de l'eau. On n'a que la peine de les prendre et de les jeter dans un baquet. Il faut toujours les saisir par le milieu du corps si on veut éviter leurs pinces.

Mais une pêche encore plus productive est celle des *pêchettes* ou *balances*. Préparez plusieurs filets plats montés sur un cerceau de trente-cinq à quarante centimètres de diamètre. Suspendez chacun de ces filets à trois ficelles comme si c'était le plateau d'une balance. Réunissez par un nœud l'extrémité de ces trois ficelles et suspendez votre filet au bout d'une forte baguette. Amorcez-le avec une grenouille écorchée, appât par excellence pour les écrevisses, surtout lorsqu'elle est corrompue. A défaut de grenouilles, mettez dans le milieu de votre filet une tête de mouton avancée, ou un débris de charogne, et descendez votre filet à vingt centimètres de profondeur avec une pierre. Rapprochez-le autant que possible de la berge ; puis maintenez-le en place en enfonçant le bout de votre baguette dans la rive.

Pour peu que vous ayez préparé ainsi une douzaine de pêchettes, placées à six ou huit mètres l'une de l'autre, vous aurez fort à faire en allant visiter successivement vos filets, en enlevant les écrevisses et remplaçant les appâts lorsque cela sera nécessaire ; mais si l'endroit est bon, vous serez certain de faire une pêche abondante.

Un autre moyen très-employé est la pêche au *fagot*. Prenez un fagot fait avec de menues branches d'arbres bien rameuses et bien tortues. Desserrez-en les liens et introduisez parmi les branches des tripes

d'animaux et des portions de viandes corrompues,
avec une ou deux grosses pierres, pour faire tomber
votre fagot au fond de l'eau. Laissez-le pendant une
nuit ou deux, puis levez-le de grand matin. En le vi-
sitant, vous y trouverez un nombre infini d'écrevisses.
Quelquefois on en trouve jusqu'à une centaine, em-
barrassées dans les branches et les épines. Ce moyen
réussit surtout avec la variété d'écrevisses dites à
pattes rouges. C'est d'ailleurs la plus estimée.

On se sert également, pour la pêche des écrevisses,
de petites nasses en osier, longues de cinquante centimètres sur trente-cinq de large. Elles ont deux entrées : une à chaque bout. On y met des débris de
viande pour appât, et on les place au bas des rives
escarpées, dans le voisinage de racines d'arbres, de
pierrailles, et de bourbes d'égoût s'il se peut. Chaque
jour on fait de grand matin la visite des nasses : on
en retire les écrevisses et on renouvelle les appâts.

Quant au moyen de faire une pêche encore plus
abondante, en mettant à sec une portion de ruisseau
habitée par des écrevisses, il n'est praticable que lorsqu'il s'agit de le curer. Autrement la pêche que l'on
pourrait faire serait loin de couvrir les frais néces-
sités par cette opération.

La Grenouille (*Rana*).

La grenouille mérite de tenir une place dans un
traité de la pêche par la délicatesse de sa chair blanche et savoureuse. On ne fait usage que des cuisses,
qui sont très-charnues. Les pêcheurs de grenouilles
séparent même le train de derrière, comprenant les
cuisses, et rejettent à l'eau le restant, qui n'est bon

qu'à servir de pâture aux poissons et surtout aux écrevisses.

La ressemblance de la grenouille avec le crapaud empêche beaucoup de personnes de faire usage de cet excellent mets. Cependant il est facile de ne point les confondre. La grenouille est vive et alerte, elle fait de très-grands sauts, surtout lorsqu'il s'agit d'échapper à un ennemi, tandis que la marche du crapaud est si lourde qu'il est toujours facile de l'atteindre. Le museau de la grenouille est plus pointu que celui du crapaud et son corps plus allongé. Ses pattes de derrière sont longues, et ses yeux gros et brillants sont entourés d'un cercle de couleur d'or.

Les grenouilles nagent avec rapidité, et leurs mouvements ont alors quelque ressemblance avec ceux de l'homme. Elles se tiennent le plus souvent au fond, à la surface de l'eau ou sur les bords des mares et des étangs lorsqu'il fait beau ; mais on les voit rarement nager entre deux eaux.

Le mâle a de chaque côté du cou deux membranes qu'il gonfle et d'où l'air s'échappe par la bouche avec un bruit qu'on appelle *coassement*. C'est surtout le matin et le soir qu'il fait entendre ce bruit, souvent incommode. La femelle n'a pour cri qu'une espèce de grognement sourd qui devient plus aigu lorsqu'on la saisit ou qu'on la pousse du pied.

La reproduction des grenouilles a lieu au printemps. Les femelles pondent de six cents à douze cents œufs en forme de globules, noirs d'un côté et blancs de l'autre. Au bout de quelques jours l'espèce de coque qui entoure ces œufs se rompt et il en sort un *tétard*, sorte de grenouille imparfaite, sans membres, et pourvue d'une queue qui lui sert comme d'a-

viron pour nager. Peu à peu ses membres se forment
et commencent à paraître ; au bout de deux à trois
mois, la peau qui l'enveloppe se déchire et laisse voir
une grenouille presque parfaite, mais conservant encore une queue qui finit par disparaître.

La grenouille a la vie extrèmement dure ; ses membres coupés repoussent, et même, si on lui ouvre le
ventre et qu'on lui arrache les entraillles et le cœur,
elle vivra encore quelques heures, surtout si c'est en
hiver.

Les grenouilles se nourrissent d'insectes. de larves,
de vers et de jeunes coquillages dont le test est encore mou. Mais elles ne s'attaquent qu'aux proies
vivantes.

Pendant l'hiver elles ne mangent point, et, lorsque
le froid devient un peu vif, elles s'enfoncent dans des
trous ou se cachent dans la vase, et restent tout ce
temps dans une sorte d'engourdissement.

On distingue deux espèces de grenouilles dont on
mange les cuisses. L'une est la *grenouille commune*
dont le corps verdâtre et parsemé de taches brunes
est rayé longitudinalement par trois lignes jaunâtres.
Sa longueur, lorsqu'elle a acquis toute sa croissance,
est de cinq à six centimètres, sans y comprendre les
pattes postérieures, plus longues que tout le reste du
corps. Elle habite les étangs, les marécages et toutes
les eaux stagnantes, dont elle ne quitte pas les rives.
Dès qu'on approche de ces eaux, on voit, à chaque
pas que l'on fait, les grenouilles s'élancer dans l'onde
et disparaître. C'est l'espèce que l'on mange le plus
communément.

La *grenouille rousse* vit pendant la plus grande
partie de l'été hors de l'eau ; on la trouve dans les

endroits boisés et humides, dans les prés et les herbages. On la reconnaît à son corps jaunâtre, ou plutôt couleur de rouille, piqueté de brun, à la grande tache noire placée entre ses yeux, à ses pattes de devant brunes, et à son ventre blanc tacheté de brun. Elle ne coasse point. Aux approches de l'hiver, elle se retire dans les fontaines et les étangs. Les eaux bourbeuses ne lui conviennent pas, et elle ne se cache jamais dans la vase.

Pêche des grenouilles. — Comme les grenouilles sont très-voraces, on peut les pêcher à la ligne, qu'on amorce avec quelques insectes vivants, un morceau de cœur de bœuf ou encore avec un morceau de drap rouge ; mais, pendant cette pêche, il faut éviter de faire le moindre bruit.

La pêche des grenouilles peut se faire la nuit, aux flambeaux, comme celle des écrevisses. Elles sortent alors de leurs trous et se laissent prendre à la main.

Lorsque les premiers froids se font sentir et que les grenouilles sont *vasées*, on traîne, sur le fond d'une mare ou d'un étang, un râteau à longues dents, et l'on tire à la fois sur la rive vase et grenouilles.

La grenouille rousse ne se vasant point et habitant, l'hiver, des eaux limpides où elle est à demi engourdie, il est facile de la saisir à la main.

Voici un autre moyen de pêcher, au printemps, la grenouille ordinaire. Il doit être assez productif; toutefois, nous ne l'avons pas encore essayé. On met une grenouille vivante dans un verre, au bord d'un étang. On couvre ce verre avec une pierre assez lourde pour l'empêcher d'en sortir. La captive, qui doit être un

mâle, ne tarde pas à faire entendre ses coassements ;
les autres grenouilles, attirées par ce bruit, arrivent
en foule, et on en fait, dit-on, une pêche abondante
au moyen d'une trouble.

———

Pêche au grelot.

Cette pêche est une variété de la pêche aux lignes
de fond. Elle est d'autant plus agréable et plus amusante, qu'on n'est pas obligé d'avoir toujours l'œil
fixé sur ses lignes, puisqu'on est prévenu de l'attaque
du poisson par le son d'un grelot attaché à la ligne.

M. Moriceau a inventé une nouvelle espèce de piquet à grelot qui présente une grande supériorité sur

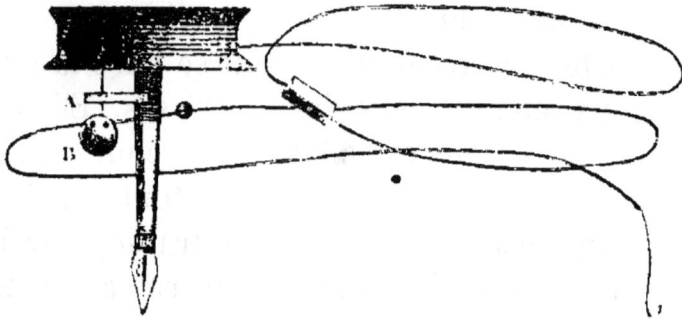

le grelot simple. La ligne est montée sur un piloir en
forme de poulie horizontale et tournant sur un piquet
qu'on enfonce en terre. Ce piloir contient de 25 à 30
mètres de cordeau se déroulant à mesure que le poisson qui a mordu à l'hameçon s'éloigne et veut gagner
au large ; mais le petit ressort *A*, portant le grelot *B*,
est ébranlé à chaque tour que fait le plioir, par une
vis placée sous celui-ci. En même temps le grelot,

secoué par le ressort, se fait entendre. Le pêcheur,
averti, accourt vers sa ligne et surveille sa proie. Ordinairement le poisson. fatigué par la demi-résistance
qu'oppose le ressort au déroulement du plioir, revient
vers le bord ; le pêcheur profite de cette nouvelle évo-
lution pour remployer sa ligne. Enfin, lorsqu'il juge
que les forces du poisson sont épuisées, il prend sa
ligne en main et l'attire vers le bord. au-dessus de
l'épuisette.

On peut placer plusieurs piquets à grelots sur la
rive, pourvu qu'ils soient éloignés les uns des autres
de 8 mètres au moins. Il faut autant que possible,
dans ce cas, choisir des grelots dont le son soit diffé-
rent, afin de pouvoir reconnaître facilement le grelot
qui vient de sonner ; sans cela on court en vain de
l'un à l'autre de ces piquets ; et dans l'incertitude. on
devra attendre une seconde atteinte du poisson, afin
de le piquer, car il est rare que le poisson se pique
seul. Cela dépend au reste du genre d'amorce qu'on
a employé.

La pêche au grelot peut également se faire en bateau au moyen de pitons vissés contre le bord du bateau et recevant la pointe du piquet.

Ce mode de pêche présente tant d'avantage, qu'il
finira peut-être par remplacer toutes les lignes ordinaires de fond.

————— -

Pêche des dames à la bouteille.

On ne peut espérer de prendre, dans cette pêche,
que des petits poissons, tels qu'éperlans, goujons,
ablettes. jeunes chevennes, petites anguilles, etc.
Voici comment on procède :

On fait faire dans une verrerie un bouteille en verre blanc de 50 centimètres de hauteur sur 22 centimètres de diamètre ; son goulot court devra avoir 6 centimètres de diamètre. Le fond de la bouteille aura un renfoncement conique comme les bouteilles ordinaires, mais la pointe de ce renfoncement doit être percée d'un trou de 3 centimètres d'ouverture.

Après avoir mis quelques pincées de son dans la bouteille, on la bouche avec un bouchon de liége percé au milieu et dans lequel on introduit un tuyau de plume ouvert par les deux bouts. On attache ensuite au goulot une longue et forte ficelle, puis on va coucher la bouteille sur le sable d'une rivière, à 2 ou 3 pieds au plus de profondeur. Si on est certain que le lit de la rivière ne présente pas de pierres qui puissent casser la bouteille, on peut la lancer de la rive ; sinon on monte sur un bateau et on la place de manière à ce que l'ouverture du fond soit tournée du côté d'où vient l'eau.

Il se passe souvent un temps assez long sans que le moindre poisson pénètre dans la bouteille ; mais, dès qu'un imprudent y est entré, la foule du fretin ne tarde pas à suivre son exemple, et une fois dans la bouteille, il est aussi difficile d'en sortir que d'une nasse, avec laquelle ce piége a quelque ressemblance.

La bouteille étant suffisamment garnie de poissons, on la retire et on la vide dans un seau à demi-plein d'eau. Si on veut conserver ces poissons en vie, il faut changer cette eau de temps en temps.

Cette pêche, assez amusante, ne demande ni sujétion ni grands préparatifs. On peut déposer sa bouteille au fond de l'eau et ne venir la relever que quelques heures après.

Chasse de la Truite, du Saumon, etc.,
au fusil.

Pendant toute la durée des chaleurs, la truite, le saumon, la chevenne, l'ombre et quelquefois le brochet chassent à la surface les mouches qui voltigent au-dessus des eaux. Souvent ces poissons, et surtout la truite, se tiennent comme endormis entre deux eaux, c'est-à-dire à 30 ou 40 centimètres de profondeur. Le chasseur qui a parcouru vainement la plaine, battu les buissons, et qui revient son carnier vide, avise tout à coup, en longeant quelque petite rivière, une magnifique truite qui paraît endormie ; du moins elle ne fait pas le moindre mouvement. L'eau est claire, le chasseur la juge tout près de sa surface. Une idée lumineuse traverse son esprit. Son fusil, qu'il n'a pas eu occasion de décharger sur les hôtes des bois, est tout préparé ; il épaule son arme, vise longtemps, car la truite ne bouge pas ; le coup part, mais le poisson qui n'a point été atteint s'élance comme un trait et disparaît.

Notre chasseur n'y comprend rien ; lui, dont le coup d'œil est si juste, manquer à quelques pas un poisson immobile ! Cette déconvenue vient encore ajouter à ses infortunes de chasse.

Si notre chasseur avait connu la *loi des réfractions*, il n'aurait pas manqué la truite. Il aurait su qu'un rayon de lumière passant obliquement d'un milieu dans un autre, par exemple de l'air dans l'eau, éprouve une déviation ou, en d'autres termes, se plie pour ainsi dire en entrant dans un autre élément, et forme un angle. Vous croyez, par exemple, voir le poisson au point A, près de la surface de l'eau, tandis qu'il est réellement au point B. (Voyez la figure ci-dessous.)

Un autre obstacle se présente encore pour dérouter le chasseur de poissons. C'est que le plomb frappant l'eau décrit une courbe. En tenant compte de ces circonstances, on devra tirer en avant une fois et demie la longueur du poisson, savoir : une fois sa

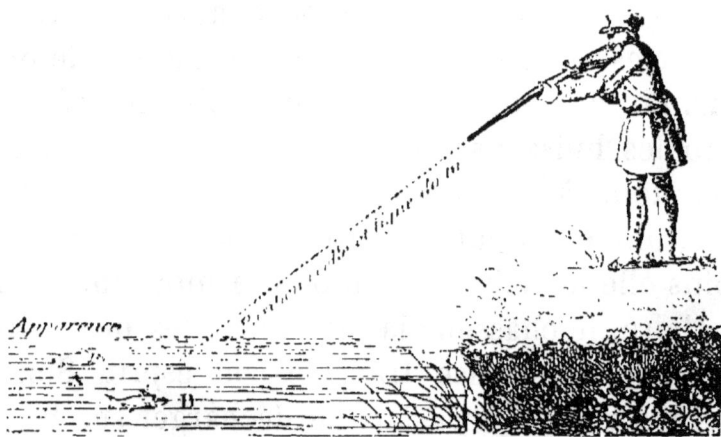

longueur pour la fausse apparence produite par sa réfraction et le reste pour la courbe que décrit le plomb. Encore l'étendue de cette courbe sera-t-elle un peu modifiée par la profondeur où se trouve le poisson, mais pas assez cependant pour faire manquer un coup, pour le peu qu'on ait acquis quelque expérience dans cette chasse où l'on doit tirer *au jugé.*

CHAPITRE VI

DESCRIPTION ET USAGE DES FILETS EMPLOYÉS DANS LA PÊCHE DES RIVIÈRES ET DES ÉTANGS.

La pêche au filet est infiniment plus productive que la pêche à la ligne ; mais elle exige plus de soins et plus de dépenses.

Les filets dont on se sert le plus habituellement pour la pêche des eaux douces sont les suivants : l'*épervier*, l'*échiquier* ou *carrelet*, la *trouble*, le *verveux*, la *louve* ou *verveux à plusieurs entrées*, le *guideau*, les *nasses*, le *tramail* et la *senne* [1].

Nous commencerons par l'épervier.

L'Epervier.

C'est un grand filet en forme de cône ou d'entonnoir. A son sommet, qui se termine en pointe, est attachée une corde solide servant à le retirer de l'eau. Tout le tour du filet est bordé d'une corde de six à huit millimètres de diamètre. Cette corde est garnie,

---

[1] La plupart des amateurs achètent leurs filets tout faits. Il existe néanmoins plusieurs traités sur l'art de fabriquer les filets. Le meilleur est celui de Duhamel du Monceau ; mais nous doutons que la lecture de tous les traités du monde vaille ce qu'en apprendrait en voyant pratiquer cet art par une personne du métier.

de distance en distance, de bagues de plomb du poids de 32 grammes, ou de balles de plomb percées et enfilées comme les grains d'un chapelet. Chacune de ces balles est assujettie par deux nœuds, l'un devant, l'autre derrière. Toute cette plombée pèse six à sept kilogrammes.

Le bord du filet dépasse la plombée d'une trentaine de centimètres. Ce bord, retroussé intérieurement par des ficelles qui partent du sommet de l'épervier, forme tout autour des poches où le poisson vient se prendre.

Il faut beaucoup de force et d'adresse pour bien lancer un épervier.

Vous commencerez par fixer à votre poignet gauche la corde qui tient au sommet du filet et qui doit servir à le retirer de l'eau ; ensuite, de la même main, vous saisirez tout l'épervier à soixante centimètres au-dessus de la corde plombée ; prenez ensuite de la main droite le tiers de la circonférence de l'embouchure du filet que vous jetterez sur votre épaule gauche comme on le fait d'un manteau à l'espagnole. Vous prendrez ensuite, toujours de la main gauche, un second tiers de l'embouchure et vous laisserez pendre devant vous le troisième tiers.

Tout étant ainsi disposé, et prêt à lancer le filet, tournez le corps vers la gauche pour prendre votre élan, puis ramenez-le vivement à droite en lançant avec force l'épervier de façon qu'en se déployant en l'air il forme la roue et tombe tout d'une pièce sur l'eau.

9.

La corde lestée de plomb l'entraîne promptement au fond, et les poissons qui se trouvent dessous se sont pris : en cherchant à s'échapper ils entrent dans les poches dont nous avons parlé.

On enlève d'abord lentement l'épervier en le balançant de droite à gauche de manière à rassembler tous les plombs; puis, lorsque toute la plombée est pour ainsi dire en tas et qu'elle quitte le fond, on tire lestement le filet hors de l'eau.

On comprendra facilement qu'on ne doit jeter l'épervier que sur un fond uni sans herbes et surtout sans grosses pierres.

Il est de la dernière importance que la personne qui lance l'épervier n'ait sur ses vêtements aucun bouton auquel le filet puisse s'accrocher, car elle serait dans ce cas indubitablement entraînée à l'eau par la pesanteur de la plombée. Une blouse imperméable est fort utile lorsqu'on pêche à l'épervier, car lorsqu'on le lance plusieurs fois de suite, on est exposé à recevoir sur le corps une bonne partie de l'eau qui découle du filet.

Il est très-avantageux de jeter, dans les endroits où l'on veut lancer l'épervier, certains appâts peu coûteux, tels que du son, du pain de chènevis et des graines germées. Il est bon de pétrir ces appâts avec de la terre grasse; ils seront moins vite emportés par le courant. On marque l'endroit amorcé avec des piquets ou de toute autre manière, et on lance l'épervier deux ou trois heures après.

Si l'on pêche dans une rivière, au-dessous d'une grande ville, il est inutile d'amorcer. Les égouts y apportent assez d'aliments aux poissons.

Il est presque inutile de dire qu'on ne doit guère

espérer de prendre des poissons qui s'enfoncent dans la vase ou dans le sable. Cependant, il arrive quelquefois qu'effrayés par les plombs qui descendent rapidement au fond de l'eau, ils abandonnent leur retraite et se trouvent pris dans le filet.

Cette pêche n'est point destructive, pourvu qu'on ait le soin de rejeter à l'eau les poissons trop petits.

Une autre manière de pêcher l'épervier consiste à le traîner en halant sur des cordes attachées à celle qui porte les plombs. Ces cordes sont placées de manière à ce qu'une partie de l'ouverture du filet effleure la surface de l'eau, tandis que le reste entraîné par les plombs rase le fond de la rivière.

Le filet est ainsi traîné par deux hommes. Un troisième qui suit les pêcheurs tient une corde attachée à la culasse ou pointe du cône formé par le filet. Dès que quelques gros poissons se trouvent pris, il s'en aperçoit aux secousses qu'ils impriment au filet et par conséquent à la corde. Il s'agit alors de relever le filet. Les deux pêcheurs qui le halent lâchent leurs cordes, et toute la circonférence plombée du filet retombe sur le sol. Celui qui tient la corde de la culasse tire alors doucement le filet à lui en appuyant successivement à droite, puis à gauche, pour réunir tous les plombs de manière à fermer l'ouverture du filet ; enfin on tire doucement le filet sur la rive et on le visite, rejetant à l'eau le menu fretin et mettant dans un panier couvert et garni d'herbes fraîches le poisson qu'on veut conserver.

L'épervier à traîne porte une plombée beaucoup plus lourde que celui à jeter. Elle pèse presque le double.

Après la pêche on doit soigneusement laver l'éper-

vier dans une eau claire et le pendre par la culasse
en l'écartant en éventail. Sans ce soin il serait promptement pourri.

L'Échiquier ou Carrelet.

C'est l'un des filets qu'on emploie le plus fréquemment. Il consiste en une nappe carrée de 1 mètre à
2 mètres de côté. Il se tend sur deux portions de
cerceau qui se croisent et qu'on attache au bout d'une
perche plus ou moins longue.
On borde ce filet avec une corde
solide et bien travaillée. Les
mailles du milieu sont ordinairement plus serrées que celles
des bords, afin de prendre de petits poissons tels que les ablettes.
Il est nécessaire que ce filet
soit un peu fait en forme de poche, afin que les gros
poissons ne puissent sauter hors du bord, comme il
arriverait si le filet était plat.

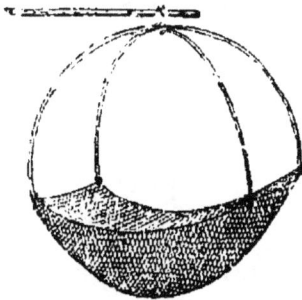

Lorsqu'on veut pêcher avec le carrelet, on l'enfonce
dans l'eau, de façon que la nappe s'étende sur le fond;
dès que l'on aperçoit des poissons nageant entre deux
eaux, au-dessus du filet, on le relève assez promptement pour qu'ils n'aient pas le temps de s'échapper.
D'ailleurs, dès qu'ils aperçoivent le mouvement de la
perche, ils plongent et se précipitent ainsi sur le filet.
A mesure qu'on le relève, ils sautent et cherchent à
s'échapper, et ils s'échapperaient en effet si on ne se
hâtait alors de le tirer de l'eau.

Quand l'eau est trouble, et qu'on ne peut apercevoir le poisson nageant entre deux eaux, on relève de

temps en temps le carrelet. Cependant cette opération
ne doit jamais se faire qu'après l'avoir laissé reposer
quelque temps sur le fond de la rivière ou de l'étang,
afin que le poisson, d'abord effarouché par l'immersion du carrelet, soit revenu de sa crainte.

On ne se sert du carrelet de cette manière que dans
les eaux peu profondes ; mais dans les eaux courantes,
et qui ont de la profondeur, on le descend seulement
entre deux eaux. Alors la poche que forme naturellement le filet, poussée par le courant, prend une position presque verticale et arrête le poisson qui suit le
fil de l'eau.

Sur quelques fleuves, tels que la Loire, on emploie
de vastes carrelets fixés à des perches de 8 à 10 mètres de longueur. Le milieu de la perche est porté sur
un poteau qui lui sert de point d'appui et sur lequel
on peut la faire virer ou basculer, soit pour retirer le
filet de l'eau, soit pour l'y faire plonger. Ces grands
carrelets servent principalement pour la pêche du
saumon.

La Trouble.

La trouble est un filet en forme de poche attaché

à la circonférence d'un cercle de bois ou de fer, auquel on fixe un manche plus ou moins long.

La plupart des troubles sont rondes ; cependant il

y en a en forme de demi-cercle ; le manche est fixé
soit dans la traverse droite du demi-cercle, soit sur
le demi-cercle lui-même. On fait aussi des troubles
carrées très-commodes pour prendre les poissons
dans les réservoirs ou dans les *boutiques* de pêcheurs,
parce qu'elles s'appliquent mieux dans leurs angles et
sur leur fond plat.

Cette sorte de filet a reçu une foule de noms différents suivant sa forme, sa grandeur et les usages auxquels on l'applique.

On pêche rarement à la trouble, si ce n'est sur le
bord des rivières et lorsque les eaux sont troubles,
parce qu'alors les poissons s'approchent de la rive et
sont moins effarouchés par la vue du filet.

Le Verveux.

Il y a plusieurs espèces de verveux. Le plus simple
est un filet conique ou en forme d'entonnoir. On lui
donne depuis 1 mètre jusqu'à 1 mètre 60 centimètres
de longueur. L'intérieur de ce filet est soutenu par
cinq ou six cerceaux légers et dont le diamètre va en
décroissant, comme celui du filet.

A la pointe du verveux est un œillet auquel on at-

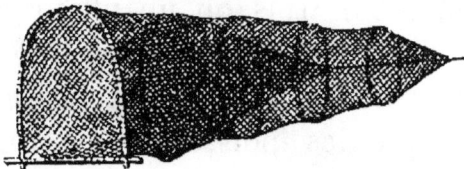

tache une corde ser-
vant à fixer ce filet
dans l'endroit où l'on
se propose de pê-
cher.

Devant le premier cerceau on fixe la coiffe, c'est-à-
dire une portion de filet qui s'évase beaucoup et qui
est soutenue par un demi-cerceau d'un grand diamètre. La base de ce cerceau est formée par une corde

qui va de l'une à l'autre de ses extrémités, ou mieux par une barre légère en bois. Cette partie inférieure de la coiffe présente l'avantage de s'appliquer plus exactement sur le terrain.

Cette disposition de filet permet au poisson d'y entrer facilement, mais rien ne l'empêcherait d'en sortir avec la même facilité si l'on n'adaptait dans l'intérieur un goulet que termine un petit cerceau par lequel passe facilement le poisson qui a franchi le goulet. Une fois engagé au delà, le poisson nage à l'aise, mais il ne pourrait sortir du verveux à moins de passer par l'ouverture du petit cerceau, ce qui n'arrive presque jamais.

On fait des verveux plus compliqués ayant un goulet à chaque cerceau, mais cette disposition n'est utile que dans les eaux dormantes où le poisson retrouverait plus facilement l'ouverture du goulet s'il n'y en avait qu'un seul, tandis que dans les eaux courantes, sans cesse contrarié par la rapidité des eaux, il longe inutilement le pourtour du filet pour trouver une issue.

La Louve.

La louve est un verveux à deux entrées. C'est un filet cylindrique monté sur trois ou un plus grand nombre de cerceaux, fixés à quatre perches légères. Chaque extrémité de ce filet est ouverte et présente un goulet, en sorte que les poissons, soit qu'ils descendent, soit qu'ils remontent, ont une égale facilité pour y entrer. Une coiffe à chaque bout, avec son archet[1], est nécessaire pour faciliter l'entrée du poisson.

---

[1] On désigne ainsi le cerceau ou demi-cercle, et la corde ou

On retire le poisson des verveux en ramassant tous les cercles et en les retournant sens dessus dessous.

Pour pêcher avec ce filet, on attache une pierre à son extrémité et une autre à chaque bout de la coiffe : puis on le place dans l'eau à l'endroit convenable en le couvrant d'herbes aquatiques. Cette couverture flottante rassure le poisson qui nage sans défiance autour du piége qu'on lui présente. On peut tendre à la fois un bon nombre de verveux et les laisser en place pendant deux nuits sans inconvénient.

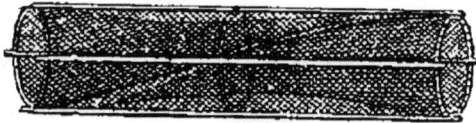

Quand on tend des verveux au bord des rivières, il faut choisir l'endroit où le courant est le moins rapide et lui opposer toujours la pointe du verveux.

Si on place une louve ou un verveux simple dans un *herbier*[1], on pratique une passe de la largeur du filet, c'est-à-dire d'environ soixante centimètres, devant l'ouverture du verveux. On emploie pour cela un croissant avec lequel on doit couper les herbes le plus près possible du fond.

On comprend facilement que si on a tendu une louve, la passe devra être pratiquée en amont et en aval du filet.

On fixe ces filets au moyen de pierres, comme nous l'avons dit plus haut. On relève le verveux à l'aide d'une corde attachée au filet et l'on fixe à cette corde une flotte ou une bouée quelconque pour reconnaître l'endroit où gît le filet.

la barre de bois qui soutiennent la coiffe. Voyez la description du verveux simple.

[1] On donne ce nom aux endroits entièrement couverts de grandes herbes, dans les rivières et les étangs.

On fait des verveux à quatre entrées et même à cinq entrées. Ceux-ci sont cubiques et se nomment *quinque-portes*. Dans ces verveux, montés sur un bâti de bois, on ménage une porte pour retirer le poisson.

Le Guideau.

Le guideau est un filet en forme de longue chausse et dont la largeur va toujours en diminuant. Les mailles de l'entrée ont au moins cinq centimètres en carré, mais elles deviennent de plus en plus petites à mesure qu'on approche du fond de la chausse ; là elles ont souvent moins d'un centimètre, en sorte que ce filet a l'inconvénient grave de retirer le frai et les poissons du premier âge.

Quand on place un guideau, son ouverture doit être tournée du côté du courant qui, traversant le

filet dans toute sa longueur, accumulera dans la poche que forme son extrémité les poissons gros et petits, le frai et les herbes. Il résulte de cet entassement que les petits poissons sont écrasés et que les gros, froissés et meurtris, meurent bientôt. Les grands guideaux ont jusqu'à dix et douze mètres de longueur. On en retire le poisson en dénouant la corde qui forme l'extrémité de la chausse et en secouant le poisson sur le sable.

Quelquefois on ajoute au bout de la chausse un panier d'osier qui reçoit le poisson et d'où on le tire en ouvrant une porte pratiquée dans son fond.

Le guideau est un filet destructeur ; les verveux lui sont très-préférables en ce que le poisson pris s'y conserve intact et vivant.

Les Nasses.

La nasse est une espèce de verveux où le poisson entre facilement, mais dont il ne peut sortir ; il diffère principalement du verveux parce qu'on le fabrique en osier.

L'ouverture de toutes les nasses présente comme les verveux un goulet, mais ce goulet est formé avec des brins souples et déliés d'osier, dont les bouts sont taillés en pointe. Ces brins, cédant à la moindre pression, permettent au poisson de franchir le goulet, mais ils se rapprochent ensuite par leur élasticité, et le poisson une fois entré ne peut plus sortir. Une porte d'osier, placée à l'extrémité de la nasse, permet d'en retirer le poison.

Les formes des nasses sont très-variées. On proportionne la force des brins d'osier et leur écartement à la grosseur des poissons qu'on désire prendre. Quand on veut pêcher des anguilles de cette manière, il faut que les baguettes d'osier soient fortes et très-rapprochées, car si l'anguille parvient à passer sa tête ou sa queue entre deux baguettes, elle fait de si grands efforts qu'elle parvient à les écarter et à se sauver.

Ces espèces de filets ou plutôt de paniers ont des anses sur les côtés. On y passe des cordes auxquelles on attache de grosses pierres, en sorte que la nasse est retenue au fond de l'eau.

De même qu'au verveux appelé *loure*, on pratique

quelquefois deux entrées à goulets dans les nasses.

Presque toujours on met quelque appât dans l'intérieur de la nasse, au delà du goulet. Ces appâts consistent en vers de terre, débris de viande, grenouilles coupées en morceaux, limaçons, moules d'eau douce ouvertes, etc.

Lorsque le temps est orageux, la pêche avec les nasses est très-fructueuse.

Le Tramail.

Ce genre de filet, qu'on emploie également à la chasse aux oiseaux, est composé de trois filets superposés. Celui du milieu est à mailles assez étroites, et les deux autres sont composés de mailles carrées assez grandes pour laisser passer les poissons, de sorte que, quand ils se jettent dans les filets, soit d'un côté soit de l'autre, ils forcent la nappe du milieu à

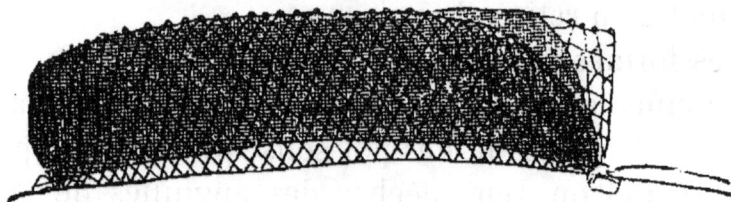

faire poche et s'y embarrassent. Il doit être placé verticalement dans l'eau; la corde qui borde la tête sera garnie, de distance en distance, de flottes de liége, et celle qui borde le pied du filet, de balles de plomb.

On donne ordinairement au tramail destiné à la pêche une très-grande largeur, car on l'emploie pour enceindre une portion de rivière ou même pour la barrer en entier. Alors on fourgonne dans les herbes avec des perches, et le poisson effarouché va se jeter dans le filet, où il s'emmaille et s'embarrasse entre la flue et la nappe, c'est-à-dire entre le filet extérieur et celui du milieu.

La Seine.

La seine[1] est un filet simple garni de flottes et de plomb comme le tramail. Sa hauteur doit être proportionnée à la profondeur de la rivière: quant à sa longueur, il faut qu'elle soit assez considérable pour embrasser le courant d'une rivière et souvent pour être tendu d'une rive à l'autre.

Comme le poisson ne s'emmaille pas dans la seine, on est obligé, lorsqu'on tire le filet de l'eau, d'en rap-

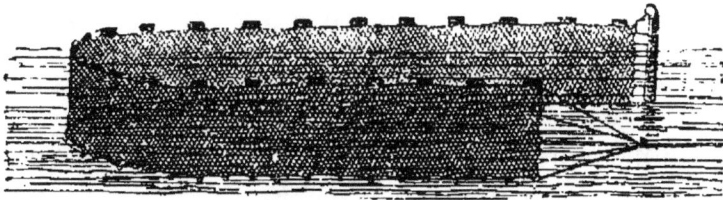

procher les extrémités afin qu'il n'en puisse sortir. On hale le filet jusqu'à la rive au moyen de cordes.

Il est même indispensable, lorsqu'on arrive dans un endroit sans profondeur, d'entrer dans la rivière pour relever les bords de la seine de quarante à cinquante centimètres au-dessus du niveau de l'eau, afin d'empêcher certains poissons, tels que le brochet, de s'élancer par-dessus.

La pêche à la seine, se faisant à la traîne, ne peut avoir lieu que sur des fonds unis. Elle détruit beaucoup de frai et de menuise, parce qu'en traînant le filet les mailles se rétrécissent dans le sens de leur hauteur, et que ces mailles sont d'ailleurs oblitérées par la vase et par les débris de plantes aquatiques.

---

[1] On écrit le nom de ce filet de deux manières : *seine* ou *senne*.

CHAPITRE VII

Notre but n'est point de donner dans ce chapitre des règles sur l'établissement et la construction des étangs, ni même de décrire minutieusement toutes les parties qui les composent; nous ne considérerons les étangs et les viviers qu'au point de vue de leur empoissonnement, du choix des poissons et des soins nécessaires pour les conserver en bon état.

Toutefois, voici quelques notions générales qui ne seront pas sans utilité.

On appelle *chaussée* une élévation de terre disposée à la tête d'un étang, dans l'endroit où ses eaux auront le plus de profondeur. Cette chaussée est construite en terre argileuse bien battue et bien corroyée, afin d'empêcher les infiltrations. Sa base doit être trois fois plus large que sa surface extérieure, laquelle doit avoir au moins deux mètres de largeur. Quelquefois on élève du côté de l'étang un bon mur de terrasse, bâti avec des matériaux choisis et qu'on épaule par derrière avec des terres grasses; mais cette manière de construire une chaussée est infiniment plus coûteuse que la précédente. On donne ordinairement à ces chaussées cinquante centimètres à un mètre de hauteur au-dessus des eaux de l'étang plein.

Du côté extérieur de la chaussée est un terrain plus bas nommé la *fosse* ou *vidange*, et qu'on destine à recevoir les eaux de l'étang lorsqu'on le met à sec, soit pour le pêcher, soit pour une autre raison.

De l'autre côté de la chaussée, le sol doit présenter un creux ou réservoir de cinq à dix mètres de diamètre, suivant l'étendue de l'étang, et de soixante centimètres de profondeur. Ce creux, auquel on donne le nom de *pêcherie* ou *poêle*, sert à recevoir et abriter le poisson lorsqu'on évacue les eaux dans la fosse.

Une sorte de canal, moins profond, part de la source des eaux de l'étang et va se terminer à la chaussée vis-à-vis un pertuis qui le traverse et doit servir à l'écoulement des eaux dans la fosse. Ce canal, nommé *bief*, communique à la pêcherie et y conduit naturellement le poisson.

Le pertuis, qu'on désigne quelquefois sous le nom de *thous*, présente des modes variés de construction. C'est tantôt un canal souterrain en brique ou en pierre, tantôt un fort tronc d'arbre creusé en gouttière et recouvert de dalles. Ce canal est bouché par une *bonde* que l'on soulève à l'aide d'une longue tige, lorsqu'on veut vider l'étang.

Pour empêcher que le poisson ne s'échappe en même temps que l'eau, on grille l'ouverture du canal dans l'étang.

PRODUITS DES ÉTANGS.

On emploie généralement, pour l'empoisonnement des étangs, la carpe, le brochet, la tanche. On peut y ajouter la perche et quelques autres poissons.

Cependant, quand on pêche de grands étangs, on y trouve des vandoises, des chevennes, des goujons, des

vérons et autres petits poissons connus sous le nom
générique de *roussaille* ou *blanchaille*. Leur principale
utilité est de servir de nourriture aux poissons vo-
races, tels que le brochet, la perche et la truite.

Les grenouilles abondent dans les étangs; elles
sont nuisibles en détruisant l'alevin ; mais par com-
pensation elles servent de nourriture, à l'état de té-
tards, aux poissons carnassiers. Il n'en est pas de
même des écrevisses qui mangent du frai et font tort
aux alevinières. Au reste, les écrevisses d'étang sont
moins estimées que celles qui habitent les eaux vives
et courantes.

La carpe est le meilleur produit des étangs. On ne
doit pas la pêcher avant l'âge de trois ans au moins ;
elle pèse alors environ cinq cents grammes. A quatre ans elle pèse un tiers de plus ; elle est alors plus
grasse et de meilleur goût. Plus tard elle grossira
encore, mais plus dans la même proportion, car elle
croîtra d'autant moins vite qu'elle sera plus âgée ;
et loin d'offrir du profit au propriétaire de l'étang,
elle deviendra pour lui une cause de perte, car une
carpe au bout de dix ans pèsera peut-être six kilogrammes ; mais elle fera perdre à l'étang beaucoup
d'empoissonnage par la nourriture qu'elle aura con-
sommée.

La fécondité des carpes est tellement prodigieuse
que, si on laisse l'étang sans brochets, il est bientôt
inondé de *feuilles* (petites carpes) et d'empoissonnage
qui se nuiront réciproquement. D'un autre côté, la
carpe s'épuise à poser et ne grossit pas, car le brochet
l'empêche de se livrer tranquillement à la pose. L'essentiel est donc de proportionner le nombre des brochets à celui des carpes, et surtout d'avoir un ou

plusieurs petits étangs séparés pour la pose, et où les
brochets ne puissent aucunement s'introduire. Ces petits étangs doivent être peu profonds, sans vase, et, autant que possible, à l'abri des vents. On y met un tiers
de carpes femelles et deux tiers de carpes mâles. Le
nombre de ces poissons ne doit former que le sixième de
celui qui serait nécessaire pour empoissonner l'étang.

On peut aussi mettre des tanches dans ces petits
étangs, pourvu que le nombre ne dépasse point le
quart de celui des carpes.

Au bout d'un an, on y pêche une grande quantité
de *feuilles* dont la grosseur est inégale, les unes
appartenant à la pose du printemps, et les autres à
celle de la fin de l'été. Les carpes et les tanches
mères, de leur côté, se sont épuisées et n'ont point
profité.

La *feuille* qu'on destine à l'empoissonnage d'un
étang doit y être placée avant l'hiver, et cet empoissonnage réussira d'autant mieux qu'il contiendra
davantage de *feuilles* de mai, celles d'août étant
moins développées. Le nombre de *feuilles* doit être
calculé sur celui du poisson que l'on veut avoir en
pêche réglée ; mais, assez généralement, il doit être de
six à huit pour un, c'est-à-dire qu'il faudra de six à
huit cents *feuilles* par cent de poissons.

Au mois de mai on met dans cet étang quinze à
vingt brochetons de la grosseur du doigt par mille
de *feuilles*, afin d'empêcher cet empoissonnage de
s'épuiser par une pose prématurée et inutile. Au bout
d'un an, on pêchera des brochets d'un à deux kilogrammes, bien nourris et d'une chair délicate. On
aura de cette manière obtenu un double résultat ; car
on trouvera l'empoissonnage considérablement grossi

et dans le meilleur état; ce qui n'aurait pas eu lieu sans brochet.

Une règle qu'on doit se prescrire pour l'empoissonnage, c'est de choisir autant que possible des *feuilles* d'une grandeur égale. Autrement carpes, tanches, brochets, vivront aux dépens des petits, et pour quelques belles pièces de poisson qu'on pêchera, on trouvera le reste petit et chétif.

Les hivers neigeux sont funestes aux poissons d'eau douce et particulièrement aux carpes. Si vous placez ce poisson sous la neige, le sang sort de dessous ses écailles au bout de quelques instants, et il meurt presque aussitôt. Il est utile de casser la glace des étangs même au-dessus des endroits où l'eau a beaucoup de profondeur et où le poisson aime à se réfugier pendant l'hiver. On empêchera la glace de reprendre en mettant dans le trou une botte de paille ou de chènevottes.

Le poisson souffre aussi beaucoup des orages, surtout lorsque la foudre tombe sur un étang ou dans le voisinage. Il est rare dans ce cas de n'en pas trouver un grand nombre de morts. La grêle est également fatale au poisson.

Les poissons d'étang ont pour ennemis la loutre et surtout le héron, ainsi que les autres oiseaux aquatiques qui en détruisent un grand nombre. On prétend qu'on leur doit quelquefois la perte d'un quart de l'empoissonnage d'un étang.

On trouve souvent dans les étangs des carpes qui n'ont point de sexe. On leur donne le nom de *carpeaux*. Les carpeaux sont fort estimés par les gourmets en raison de la délicatesse de leur chair. On croit que ce sont des mâles dont quelque circonstance a détruit les organes sexuels. En Angleterre, on a réussi à faire des carpeaux en châtrant non-seulement des carpes, mais aussi des tanches et des brochets. Dans cet état le poisson s'engraisse, croît plus vite et gagne beaucoup en délicatesse. Au reste, par la simple séparation des sexes on peut obtenir des produits supérieurs par la taille et par la qualité.

La *tanche* se plaît particulièrement dans les étangs limoneux. Mais quoique ce poisson se multiplie beaucoup et se transporte aisément en vie, on l'estime moins que la carpe parce que sa chair a très-souvent un goût de vase ; d'ailleurs, les possesseurs d'étangs disent assez généralement qu'il faut plus de terrain pour nourrir cent tanches que pour engraisser cinq cents carpes. Au reste, on l'utilise pour tirer parti des mares vaseuses où d'autres poissons ne résisteraient point.

Le brochet est particulièrement friand de ce poisson, qui n'échappe à sa poursuite acharnée qu'en s'enfonçant dans la vase.

Le *brochet* occupe le second rang parmi les poissons d'étang. C'est d'ailleurs celui dont la valeur vénale est la plus élevée. On a remarqué qu'un brochet de 500 grammes mis avant l'hiver dans un étang bien peuplé de petits poissons, et surtout de jeunes tanches, croîtra de 500 grammes par mois pendant l'été suivant ; mais arrivé à une certaine grosseur, telle que trois kilogrammes, il consommera infiniment plus et cependant il mettra beaucoup plus de temps pour atteindre cinq kilogrammes qu'il n'en a mis pour arriver à trois. On a remarqué que pour augmenter son poids d'un kilogramme, le brochet consommera dix kilogrammes de tanches. L'auteur d'un traité de pisciceptologie affirme qu'un brochet de trois francs n'est parvenu à cette valeur qu'après avoir consommé pour quarante ou cinquante francs de poisson : il est vrai que ce poisson vorace se nourrit en grande partie de *blanchaille* dont il débarrasse l'étang; mais, quand il devient un peu plus gros, il attaque les poissons de son espèce moins forts que lui, en sorte que d'un cent de brochetons gros comme des harengs, mis dans un étang, on en retrouvera à peine six par cent au bout d'un an.

Le brochet fraie en février et en juin et devient maigre à ces époques. Il faut alors prendre beaucoup de soin pour l'empêcher de s'échapper de l'étang, car il remonte tous les fossés où il trouve de l'eau.

Les personnes qui s'occupent de la vente du poisson d'étang trouvent plus d'avantage à spéculer sur le brochet que sur les autres poissons, quoiqu'il soit plus difficile à transporter par terre que la carpe et la tanche; mais elles considèrent que le prix du kilogramme de brochet est souvent triple de celui de la carpe.

La *perche*. — Quelques possesseurs d'étangs y admettent la perche. Ce poisson omnivore est très-vorace, détruit le frai, les petits poissons, et consomme une grande partie de ce qui sert à leur nourriture, en sorte qu'on dit de lui, lorsqu'il est nombreux, *qu'il brûle l'étang*. Le brochet, même celui d'une taille supérieure, ne peut atteindre la perche, dont les nageoires sont armées de pointes aiguës qui se hérissent à la vue d'un ennemi et qui, blessant cruellement la gueule du brochet, le forcent à lâcher prise.

L'anguille. — On n'est pas dans l'usage d'introduire l'anguille dans les étangs, parce qu'elle perce les chaussées qui les bordent et s'écarte dans les prairies voisines, en sorte qu'au moment de la pêche on n'en retrouve plus.

Il est plus facile de conserver les anguilles dans un vivier. On les verra prospérer si on leur jette de temps en temps quelques menuises, des tripailles et des fruits tendres.

La *truite* est plutôt un poisson de rivière que d'étang ; cependant on peut conserver des truites dans les étangs placés sous des sources d'eau vive, mais elles ne s'y multiplient point.

SOINS ET ENTRETIEN D'UN ÉTANG EMPOISSONNÉ.

On doit avoir le soin de visiter de temps en temps toutes les parties d'un étang, pour voir si la chaussée ne présente pas d'infiltrations, si le canal, la bonde et la grille sont en bon état, et enfin si les renards, les lapins et les loutres ne foulent point la chaussée. Il faut aussi faire la chasse aux hérons, aux autres oiseaux pêcheurs, et tendre des piéges pour les rats d'eau qui sont très-friands de poissons. Lorsqu'on s'aperçoit que, par suite de la sécheresse, l'eau d'un étang baisse et laisse craindre un *à-sec* qui ferait périr tout le poisson, il faut aviser aux moyens d'y amener de l'eau, soit par une coupure dans le ruisseau le plus voisin, soit par le déversement d'un étang supérieur.

Lorsque les étangs sont bien pleins, les fortes gelées ne font point périr le poisson, car il se retire alors dans les endroits où l'eau est la plus profonde et s'enfonce dans la vase; mais si l'eau manque de profondeur et que la glace soit très-épaisse, le poisson périra faute d'une quantité d'eau suffisante pour lui fournir l'air indispensable à son existence. On voit d'après cela qu'il faut donner une profondeur suffisante aux poêles et même aux biefs, surtout quand les étangs ne sont pas alimentés par des sources abondantes.

Il arrive quelquefois qu'une gelée forte et subite arrête le poisson avant qu'il ait pu gagner l'endroit où l'eau est profonde ; surpris sous la glace, il périt infailliblement pour peu que le froid continue.

Au reste, il est de règle de faire des trous dans la glace au-dessus de l'endroit où les poissons se retirent, afin de leur fournir de l'air.

Un autre soin que l'on doit avoir consiste à détruire les *jonchères*, touffes de joncs, de roseaux, entremêlées d'autres plantes aquatiques, et qui finissent par former des îles flottantes, car ce sont des retraites assurées pour les rats d'eau, les loutres et les oiseaux pêcheurs. On détruit ces touffes à l'aide d'un bateau, avec des crocs, et on les transporte hors de l'étang. Mises en tas, elles forment au bout d'une année un excellent engrais pour les terres.

ÉPOQUE A LAQUELLE ON DOIT PÊCHER UN ÉTANG

Un étang bien établi, bon fonds et peuplé d'alevin choisi, peut être pêché trois ans après l'alevinage, c'est-à-dire lorsque l'alevin aura passé trois étés dans l'étang.

Quelquefois même, lorsque l'alevin employé était

10.

très-fort, les carpes sont en état d'être vendues la
seconde année. On se trouve aussi dans la nécessité
de pêcher un étang au bout de deux ans lorsqu'il
y a quelque réparation considérable à faire, soit à
la chaussée, soit au canal ou à la bonde, ou quand
de gros brochets menacent de détruire toutes les
carpes. Toutefois, dans ce cas, on fera mieux d'es-
sayer de les prendre avec des filets en rejetant les
autres poissons à l'eau.

Il arrive souvent qu'on n'a que de très-petit alevin
pour empoissonner un étang. Le poisson n'arrivant
alors qu'au bout de quatre ans à une grosseur raison-
nable, il ne faut mettre du brochet dans l'étang
qu'à la troisième année, et pêcher la quatrième.
Hors ce seul cas, il est préférable de pêcher dès la
troisième année, si on ne veut pas que beaucoup des
poissons soient mangés par les brochets.

DE LA SAISON CONVENABLE POUR LA PÊCHE DES ÉTANGS.

La meilleure époque pour la pêche des étangs est
le mois d'octobre. On ne court point le risque des
crues subites d'eau, ni des gelées; d'ailleurs, les
poissons, et particulièrement le brochet, n'augmen-
tent point pendant l'hiver et vivent durant cette saison aux dépens de l'étang.

Ensuite, en pêchant en octobre et en fermant le
canal de décharge aussitôt après la pêche, l'étang se
remplit pendant l'hiver et n'est point, par conséquent,
envahi par les eaux de la fonte des neiges, qui sont
contraires aux poissons.

D'ailleurs, en pêchant en octobre, on a le temps
nécessaire pour faire les réparations indispensables

à la levée, au canal, aux **bondes** et aux grilles avant
le fort de l'hiver.

Pêche des Étangs.

Lorsqu'on veut pêcher à fond un étang, on commence par faire écouler l'eau doucement et pendant
plusieurs jours. Quand il est presque vide et qu'il ne
reste plus d'eau que dans le bief dont nous avons
parlé et dans la poêle ou pêcherie, où tout le poisson
se rassemble naturellement, on arrête l'écoulement
de l'eau en fermant la bonde, puis on se transporte
vers le haut du bief, et on traîne dans cette espèce
de canal un grand filet qui force le poisson à se
réfugier dans la pêcherie. On barre ensuite l'ouverture du bief, avec le filet, puis on pêche le poisson à
son aise au moyen d'une trouble.

Il y a certains étangs vaseux où il est impossible
de former une bonne poêle : dans ce cas, on ne
pêche point dans l'étang, mais au dehors: c'est-
à-dire on fait dans la fosse de l'étang une enceinte
avec des planches, de la maçonnerie ou des mottes
de gazon ; puis le grillage intérieur ayant été enlevé,
cette enceinte recevra le poisson qui passera en
même temps que l'eau. On appelle cet appareil un
tombereau. Quand tout le poisson est sorti de l'étang,
on ferme le canal au moyen de la bonde et l'on pêche
dans le tombereau comme on l'aurait fait dans la
poêle.

Des viviers.

Ce sont des pièces d'eau destinées à conserver et
à engraisser le poisson jusqu'au moment de le livrer
à la vente ou d'en faire usage.

L'utilité et l'agrément d'un vivier, dans une maison de campagne ou dans une propriété rurale, est incontestable. Outre qu'il diversifie et anime le coup d'œil d'un jardin, il offre le précieux avantage de tenir le poisson prêt pour le besoin du moment et de donner le moyen d'organiser ou de compléter un repas improvisé, chose qui n'est pas toujours facile à la campagne.

Les viviers sont d'une grande utilité aux possesseurs d'étangs, en leur offrant la possibilité d'entreposer l'empoissonnage de ces étangs jusqu'au moment propice pour en faire usage ; ils ne sont pas moins nécessaires pour conserver de jeunes brochets jusqu'à l'époque où on les met dans un étang.

Les viviers ou réservoirs sont particulièrement destinés à trois espèces de poissons : aux carpes, aux tanches et aux brochets ; cependant rien n'empêche d'y adjoindre d'autres poissons d'étang ou de rivière ; mais, dans tous les cas, le brochet doit être séparé des autres espèces parce qu'il les dévore ; en outre, sa voracité le portant à attaquer des carpes ou des tanches d'un volume semblable au sein, et ne pouvant les avaler, il les blesse cruellement, en sorte qu'elles périssent presque toujours.

CONSTRUCTION D'UN VIVIER.

Un réservoir ou vivier doit être placé dans un lieu aéré et exposé au soleil. Il faut enlever les arbres qui, trop nombreux autour du vivier, y laisseraient tomber leurs feuilles, ce qui est très-nuisible au poisson. L'eau doit être assez profonde pour qu'en été, sous les ardeurs de la canicule, elle ne s'échauffe pas au point de faire périr le poisson.

Un vivier est une sorte de petit étang, il se construit à peu près de la même manière; mais il est nécessaire qu'il soit alimenté par une source plus ou moins abondante, car s'il ne présente d'autres ressources que les eaux pluviales, ce ne sera qu'une mare où beaucoup de poissons ne pourront prospérer.

A moins qu'un vivier ne soit alimenté par de nombreuses sources donnant un trop-plein, le sol doit être peu perméable : autrement, les eaux d'une source médiocrement abondante seront absorbées en partie, et le vivier manquera d'eau, surtout pendant l'été.

Il faut donc, dans ce cas, créer un sol artificiel au vivier. On y parvient en glaisant le fond, c'est-à-dire en le recouvrant d'une couche d'argile pure, bien corroyée et bien battue, de trente centimètres d'épaisseur. Si on étend un lit de ciment à la chaux de quatre ou cinq centimètres sous ce *courroi*, on obtiendra une imperméabilité encore plus grande, car la chaux défendra la couche d'argile contre la perforation des insectes.

La chaussée du réservoir devra être formée par un courroi de terre glaise d'au moins soixante-dix centimètres d'épaisseur, épaulé par une masse de terre bien battue; mais vu le peu d'étendue des viviers en général, on forme souvent cette chaussée avec un mur de bonne maçonnerie à la chaux hydraulique.

Un canal et une bonde placés comme ceux d'un étang permettront, lorsque cela sera nécessaire, d'évacuer les eaux et de curer le vivier. Le curage de cette sorte de petit étang formera un excellent en-

grais pour la plupart des terrains lorsqu'on lui aura
laissé passer quelques mois à l'air.

ENGRAISSEMENT DES POISSONS DANS LES VIVIERS.

Les hommes, devenus trop nombreux pour récolter
sans semer, durent cultiver la terre et élever des
bestiaux. Peu à peu ils parvinrent à développer chez
les animaux, de même que dans les plantes alimen-
taires, les principes les plus favorables à la nutri-
tion. En effet, les céréales, les légumes, les fruits,
tels que l'agriculture et le jardinage nous les procurent aujourd'hui, sont incomparablement supérieurs
en qualité aux produits primitifs, tels que la nature
nous les a d'abord offerts.

Pourquoi n'en serait-il pas de même pour les poissons que nous employons pour notre alimentation ?
Nous n'attendrons pas l'avenir pour répondre à cette
question : les anciens déjà nous ont donné l'exemple ; Columelle, Pline, Varron et d'autres auteurs
nous parlent des viviers destinés à l'engrais des
poissons.

Les Chinois engraissent des poissons dans leurs viviers aussi facilement que nous élevons nos bestiaux ;
ils leur donnent du riz cuit matin et soir, des restes
de légumes, des feuilles de chou ou de salade, de
menthe aquatique, de la paille hachée pétrie avec de
la terre mêlée de vers ou de viande hachée. Au reste,
ils retrouvent en nettoyant les viviers un limon
composé par les déjections des poissons et par les
détritus qu'ils n'ont pas consommés ; des plantes
aquatiques réduites en fumier par leur séjour dans
l'eau ajoutent encore à la bonne qualité de ces en-

grais qui, répandus sur la terre, lui donnent une telle fécondité que, suivant l'assertion d'un agronome, elle peut, dans certains sols, suffire à la production de trois ou quatre récoltes successives, sans autres engrais.

Les exemples que nous citons nous offrent donc une garantie de succès. Remarquons ici que le poisson gras a autant de supériorité sur le poisson maigre que la volaille grasse sur la volaille maigre; et ici tout l'avantage est pour le poisson, car l'engraissement des oiseaux de basse-cour est plus coûteux et demande plus de soins que celui des poissons d'un vivier. L'exemple des Chinois nous montre que les rebuts de la nourriture de l'homme et des substances sans valeur, jetés dans les viviers, profitent à l'engraissement des poissons qu'ils contiennent.

Mais un procédé nouvellement étudié vient encore ajouter à la facilité de l'engrais du poisson ; des expériences faites avec soin ont prouvé que le poisson engraisse d'autant plus facilement qu'il est privé de sexe. Nous avons parlé plus haut des *carpeaux*, carpes que des circonstances accidentelles ont réduites dans cet état et dont la chair grasse, savoureuse et exquise, est fort prisée par les gastronomes ; eh bien, on obtient le même résultat, soit en châtrant les poissons, soit en isolant les sexes dans des réservoirs séparés.

Tout le monde sait qu'il est facile de reconnaître le sexe d'un poisson en exerçant une légère pression sur son ventre, d'où l'on voit alors sortir un peu d'œufs ou de laitance.

On évitera la sujétion d'avoir plusieurs viviers pour la séparation des sexes, au moyen d'une opération facile, et qui n'intéresse aucunement la vie du poisson, lorsqu'on aura acquis quelque expérience et qu'elle sera exécutée avec adresse. On ouvre son ventre avec un outil parfaitement tranchant et on extrait la laite chez les individus mâles et les ovaires chez les femelles ; on réunit de suite les deux lèvres de l'incision par un point de suture ; et, la plaie guérie, l'animal qui ne paraît point s'en ressentir engraisse rapidement. Ce procédé, inventé par les Chinois, est pratiqué avec succès en Angleterre et à Strasbourg.

Voici ce que dit à ce sujet l'auteur d'un article sur les étangs : « Nous avions beaucoup ouï parler des carpeaux du Rhin ; c'est un des mets particulièrement appréciés par les gastronomes parisiens. Sans prévention, il nous a semblé que la chair de la carpe du Rhin était sans comparaison très-supérieure à celle des autres rivières, même à celle très-vantée du Rhône. Nous avions pu croire aussi que les poissonniers de Strasbourg engraissaient et faisaient peut-être leurs carpeaux par la castration ; nous avons voulu voir ce qu'il en était, sur les lieux, à Strasbourg même. Nous y avons trouvé cette industrie presque concentrée dans les mains d'un négociant très-riche, dans la famille duquel elle se perpétue depuis longtemps ; il a eu la complaisance de nous faire voir ses réservoirs et ses plus beaux poissons. Il en a de toutes les grosseurs, depuis un jusqu'à quinze kilogrammes et même au delà. Il les achète des pêcheurs, les renferme dans de grands réservoirs en chêne, placés dans l'Ill, et qui sont criblés de trous. On les y entretient pour la vente plutôt qu'on ne les engraisse en leur jetant tous les jours du pain de munition découpé en petits dés. Un seul coup de filet a amené deux ou trois quintaux de poisson. Nous avons vu de très-belles pièces, une entre autres du poids de quinze kilogrammes, qui vivait, nous a-t-on dit, depuis plus de cent ans dans ces réservoirs. Ses écailles étaient blanches et elle nous a semblé plutôt maigre que grasse. Ces carpes se conservent très-bien dans toutes les saisons ; on en a toujours de toute grosseur ; elles sont tarifées depuis deux jusqu'à huit et dix francs le kilogramme, suivant le poids, la saison, la nature ou même l'absence de sexe dans l'individu. » (*Maison rustique du XIXᵉ siècle.*)

Le poisson en général mange peu en hiver ; mais, comme il ne fraie pas en cette saison, il conserve son poids : c'est donc en automne qu'on doit lui donner le plus d'aliments, après avoir étudié quels sont ceux qui conviennent le mieux à son espèce.

Jusqu'à présent, l'industrie de l'engraissement du poisson ne s'est guère excercée que sur les carpes, d'abord parce que ce poisson est le plus répandu dans nos étangs, et qu'ensuite son alimentation toute végétale rend cet engraissement plus facile et moins coûteux à opérer pour l'éleveur. Mais la tanche, la perche et surtout le brochet ne lui offriraient pas moins d'avantages. Ces poissons peuvent être également soumis à la castration, à l'isolement des sexes ; et la valeur vénale, surtout celle du brochet, est supérieure à celle de la carpe.

Il est probable que les procédés employés pour l'engraissement de la carpe peuvent s'appliquer à la tanche. Ces deux poissons, qui appartiennent également à la nombreuse famille des cyprins, ont beaucoup de rapport ensemble ; mais, comme généralement la tanche est moins estimée que la carpe et ne parvient pas à la même grosseur, on ne s'est point occupé, à ce qu'il paraît, de son engraissement.

La perche offrirait plus d'avantages à l'engraissement ; mais par sa nature carnassière ce poisson exige une tout autre nourriture que la carpe. Elle se nourrit non-seulement de petits poissons vivants, mais elle consomme aussi des poissons morts et des débris de viande. On peut donc la nourrir et l'engraisser avec des entrailles de volaille, des débris de boucherie et d'autres matières animales réduites à un assez mince volume pour que la perche puisse en faire sa nourriture ; car sa bouche, petite comparativement à celle du brochet, ne lui permet pas d'absorber des aliments volumineux.

La perche ne présente pas, comme la carpe et la tanche, l'avantage de pouvoir être transportée en vie, car, tirée de l'eau, elle meurt presque aussitôt. On pourrait, il est vrai, employer pour le transport de ce poisson, de même que pour celui de tous les autres poissons, le procédé employé dans le département de l'Ain. Là ce transport se fait dans des *tonnettes*, ou petits tonneaux, contenant un hectolitre et demi et remplies d'eau fraîche. Chacune contient 50 à 60 kilogrammes de poisson. On les charge sur une charrette dont les secousses réitérées agitent sans cesse l'eau, circonstance nécessaire pour la conservation du poisson ; mais le soin le plus indispensable consiste à renouveler fréquemment cette eau, en choisissant toujours, lorsque cela se pourra, celle des sources les plus fraîches.

Il faut encore avoir la précaution, en changeant

l'eau, de remuer le poisson, afin de détacher par cette agitation l'enduit visqueux qui le recouvre. On doit verser l'eau nouvelle par l'ouverture supérieure et laisser échapper l'ancienne par le bas de la tonnelle.

Lorsque le transport du poisson peut se faire par eau, on le met dans de grands filets que traînent les bateaux ; ou mieux encore, dans des bateaux percés de trous et conduits à la remorque.

Lorsque le poisson est gros, on ne le transporte point dans des tonnettes ; on le range sur des charrettes garnies de paille, en le disposant par couches alternatives de poisson et de paille.

On ne peut transporter vivants, de cette manière, que les carpes, les tanches et les brochets ; encore ce dernier, beaucoup plus délicat, doit être placé en dessus. Tous d'ailleurs doivent être mis dans un réservoir en arrivant.

On a remarqué que, pour conserver dans une maison particulière le poisson destiné à la consommation, on le gardera plus longtemps vivant dans un vase de cuivre que dans un de bois, et dans le chêne vieux que dans du sapin dont l'odeur résineuse lui est apparemment nuisible. Une poignée de farine de seigle, de la fiente de cheval ou du jus de fumier, aide, dit-on, à sa conservation. Mais quel que soit le vase où on le conserve, il faut en renouveler souvent l'eau, surtout dans les temps chauds.

L'engraissement du brochet pourrait être d'un grand produit, mais sa conservation dans un vivier est plus chanceuse que celle de la carpe ; d'abord, il faut sans cesse fournir à sa voracité des poissons vivants, autrement il maigrit ; ensuite il est sujet à beaucoup d'accidents.

L'auteur dont nous avons déjà cité plus haut un passage relatif aux carpeaux du Rhin, affirme que, de même que chez la plupart des animaux carnassiers, la digestion du brochet est lente et qu'il n'a pas besoin de renouveler sa pâture. « Il paraît, dit-il, qu'un seul repas abondant suffit par mois à sa consommation et à son entretien. Sa gueule énorme lui permet d'attaquer des poissons d'un volume presque égal au sien ; mais, comme ni son estomac ni ses autres viscères ne pourraient les recevoir, le poisson reste en partie hors de sa gueule, retenu par les crochets dont elle est armée, et n'est englouti qu'à mesure que l'extrémité d'abord avalée se digère ; de plus, il paraît ne rien consommer en hiver : cependant, si on le garde dans des eaux de source où la température reste constamment à plusieurs degrés au-dessus de zéro, il a encore besoin d'être nourri. »

PÊCHE A LA LIGNE ET AUX FILETS

DANS LES RIVIÈRES ET LES ÉTANGS.

CHAPITRE VIII

LOIS ET ORDONNANCES SUR LA PÊCHE.

Titre Ier. — *Du droit de Pêche.*

ARTICLE 1er. Le droit de pêche sera exercé au profit de l'État :

1° Dans tous les fleuves, rivières, canaux et contre-fossés navigables ou flottables, avec bateaux, trains ou radeaux, et dont l'entretien est à la charge de l'État ou de ses ayants cause.

2° Dans les bras, noues, buires et fossés qui tirent leurs eaux des fleuves et rivières navigables et flottables, dans lesquelles on peut en tout temps passer ou pénétrer librement en bateau de pêcheur et dont l'entretien est également à la charge de l'Etat.

Sont toutefois exceptés les canaux et fossés existant ou qui seraient creusés dans des propriétés particulières et entretenus aux frais des propriétaires.

ART. 2. Dans toutes les rivières et canaux autres que ceux qui sont désignés dans l'article précédent, les propriétaires riverains auront, chacun de son côté, le droit de pêche jusqu'au milieu du cours d'eau, sans préjudice des droits contraires établis par possessions ou titres.

Art. 5. Tout individu qui se livrera à la pêche sur les fleuves et rivières navigables ou flottables, canaux, ruisseaux ou cours d'eau quelconques, sans la permission de celui à qui le droit de pêche appartient, sera condamné à une amende de vingt francs au moins et de cent francs au plus, indépendamment des dommages-intérêts.

Il y aura lieu, en outre, à la restitution du prix du poisson qui aura été pêché en délit, et la confiscation des filets et engins de pêche pourra être prononcée.

Néanmoins, il est permis à tout individu de pêcher à la ligne flottante tenue à la main, dans les fleuves, rivières et canaux désignés dans les deux paragraphes de l'art. 1er de la présente loi, le temps du frai excepté [1].

Titre IV. — *Conservation et Police de la pêche.*

Art. 23. Nul ne pourra exercer le droit de pêche dans les fleuves et rivières navigables ou flottables, les canaux, ruisseaux ou cours d'eau quelconques, qu'en se conformant aux dispositions suivantes :

Art. 24. Il est interdit de placer dans les rivières navigables ou flottables, canaux et ruisseaux, aucun barrage, appareil ou établissement quelconque de pêcherie, ayant pour objet d'empêcher entièrement le passage du poisson.

Les délinquants seront condamnés à une amende de cinquante francs, et en outre aux dommages-in-

[1] Le temps du frai est fixé du 15 avril au 15 juin pour le département de la Seine.

térêts ; et les appareils ou établissements de pêche seront saisis et détruits.

ART. 25. Quiconque aura jeté dans les eaux des drogues ou appâts qui sont de nature à enivrer le poisson ou à le détruire, sera puni d'une amende de trente francs à trois cents francs, et d'un emprisonnement d'un mois à trois mois.

ART. 27. Quiconque se livrera à la pêche pendant les temps, saisons et heures prohibés par les ordonnances, sera puni d'une amende de trente à deux cents francs.

ART. 28. Une amende de trente à cent francs sera prononcée contre ceux qui feront usage, en quelque temps et en quelque fleuve, rivière, canal ou ruisseau que ce soit, de l'un des procédés ou mode de pêche ou de l'un des instruments ou engins de pêche prohibés par les ordonnances.

Si le délit a eu lieu pendant le temps du frai, l'amende sera de soixante à deux cents francs.

ART. 29. Les mêmes peines sont prononcées contre ceux qui se serviront, pour une autre pêche, de filets permis seulement pour celle du poisson de petite espèce.

Ceux qui seront trouvés porteurs ou munis, hors de leur domicile, d'engins ou instruments de pêche prohibés, pourront être condamnés à une amende qui n'excédera pas vingt francs et à la confiscation des engins ou instruments de pêche, à moins que ces engins ou instruments ne soient destinés à la pêche dans des étangs ou réservoirs.

ART. 30. Quiconque pêchera, colportera ou débitera des poissons qui n'auront point les dimensions déterminées par les ordonnances, sera puni d'une

amende de vingt à cinquante francs, et à la confiscation desdits poissons. Sont cependant exceptées de
cette disposition les ventes de poissons provenant des
étangs ou réservoirs. Sont considérés comme étangs
ou réservoirs les fossés et canaux appartenant à des
particuliers. dès que leurs eaux cessent naturellement de communiquer avec les rivières.

Art. 31. La même peine sera prononcée contre
les pêcheurs qui appâteront leurs hameçons, nasses,
filets ou autres engins, avec des poissons des espèces
prohibées qui seront désignées par les ordonnances.

Art. 32. Les fermiers de la pêche et porteurs de
licences, leurs associés. compagnons et gens à gage,
ne pourront faire usage d'aucun filet ou engin quelconque, qu'après qu'il aura été plombé ou marqué
par les agents de l'administration de la police de la
pêche.

La même obligation s'étendra à tous autres pêcheurs compris dans les limites de l'inscription ma-
ritime, pour les engins et filets dont ils feront usage
dans les cours d'eau désignés par les paragraphes 1er
et 2e de l'art. 1er de la présente loi.

Les délinquants seront punis d'une amende de
vingt francs pour chaque filet ou engin non plombé
ou marqué.

Le titre V traite des poursuites exercées au nom de
l'administration et enjoint aux agents spéciaux de
même qu'aux gardes champêtres, éclusiers et autres
officiers de police judiciaire de constater par procès-
verbaux les délits de pêche, et les autorise à saisir les
filets et autres instruments de pêche prohibés, mais
leur interdit de s'introduire dans les maisons et en-
clos y attenants pour la recherche de ces filets.

L'art. 41 prononce une amende de cinquante francs contre le délinquant qui refusera de remettre immédiatement le filet prohibé.

L'art. 42 prononce que le poisson saisi pour cause de délit sera vendu au profit du domaine.

ART. 62. Les actions en réparation de délits en matière de pêche se prescrivent par un mois, à compter du jour où les délits ont été constatés, lorsque les prévenus sont désignés dans les procès-verbaux. Dans le cas contraire, le délai de prescription est de trois mois, à compter du même jour.

ART. 65. Les délits qui portent préjudice aux fermiers de la pêche, aux porteurs de licences et aux propriétaires riverains, seront constatés par leurs gardes, lesquels seront assimilés aux gardes-bois des particuliers.

ART. 66. Les procès-verbaux dressés par ces gardes feront foi jusqu'à preuve contraire.

Titre VI. — *Des Peines et Condamnations.*

ART. 69. Dans le cas de récidive, la peine sera toujours doublée.

Il y a récidive lorsque, dans les douze mois précédents, il a été rendu contre le délinquant un premier jugement pour délit en matière de pêche.

ART. 70. Les peines seront également doublées, lorsque les délits auront été commis la nuit.

ART. 71. Dans tous les cas où il y aura lieu à adjuger des dommages-intérêts, ils ne pourront être inférieurs à l'amende simple prononcée par le jugement.

ART. 72. Dans tous les cas prévus par la présente

loi, si le préjudice causé n'excède pas vingt-cinq francs et si les circonstances paraissent atténuantes, les tribunaux sont autorisés à réduire l'emprisonnement même au-dessous de six jours et l'amende même au-dessous de seize francs. Ils pourront aussi prononcer séparément l'une ou l'autre de ces peines, sans qu'en aucun cas elle puisse être au-dessous des peines de simple police.

ART. 74. Les maris, pères, mères, tuteurs, fermiers et porteurs de licences, ainsi que tous propriétaires, maîtres et commettants, seront civilement responsables des délits en matière de pêche commis par leurs femmes, enfants, mineurs, pupilles, bateliers et compagnons et tous autres subordonnés, sauf tout recours de droit.

Cette responsabilité sera réglée conformément à l'art. 1384 du Code Napoléon.

ART. 77. Les jugements portant condamnation à des amendes, restitutions, dommages-intérêts et frais, sont exécutoires par la voie de contrainte par corps, et l'exécution pourra en être poursuivie cinq jours après un simple commandement fait aux condamnés.

ART. 80. Dans tous les cas, la détention employée comme moyen de contrainte est indépendante de la peine d'emprisonnement prononcée contre les condamnés pour tous les cas où la loi l'inflige.

ORDONNANCE DU 15 NOVEMBRE 1830.

ART. 1er. Sont prohibés, sous les peines portées par l'art. 28 de la loi du 15 avril 1829 :

1° Les filets traînants ;

2° Les filets dont les mailles carrées sans accrues,

et non tendues ni tirées en losange, auraient moins de 30 millimètres (14 lignes) de chaque côté, après que le filet aura séjourné dans l'eau ;

3° Les bires, nasses ou autres engins dont les verges en osier seraient écartées entre elles de moins de 30 millimètres.

ART. 2. Sont néanmoins autorisés pour la pêche des goujons, ablettes, loches, vérons, vandoises et autres poissons de petite espèce, les filets dont les mailles auront 15 millimètres. Les pêcheurs auront aussi la faculté de se servir de toute espèce de nasses en jonc à jour, quel que soit l'écartement de leurs verges [1].

ART. 3. Quiconque se servira, pour une autre pêche que celle qui est indiquée dans l'article précédent, des filets spécialement affectés à cet usage, sera puni des peines portées par l'article 28 de la loi du 15 avril 1829.

ART. 5. Dans chaque département, le préfet déterminera, sur l'avis du conseil général, et après avoir consulté les agents forestiers, les temps, saisons et heures pendant lesquels la pêche sera interdite dans les rivières et cours d'eau.

ART. 6. Il fera également un règlement dans lequel il déterminera et divisera les filets et engins qui, d'après les règles ci-dessus, devront être interdits.

ART. 7. Sur l'avis du conseil général, et après avoir consulté les agents forestiers, il pourra prohiber les

[1] L'ordonnance du 28 février 1842 modifie, en ce qui concerne la pêche des ablettes, la largeur des mailles de filets et l'écartement des baguettes des nasses d'osier, qui peuvent être réduits à 8 millimètres (4 lignes).

procédés et modes de pêche qui lui sembleront de nature à nuire au repeuplement des rivières.

Voici l'article III du règlement du préfet de la Seine.

Ne pourront être pêchés et seront rejetés en rivières : 1° les truites, carpes, barbeaux, ombres, brêmes, brochets, meuniers, ayant moins de cent soixante millimètres (cinq pouces neuf lignes) entre l'œil et la naissance de la nageoire de la queue ;

2° Les tanches, perches, gardons, lottes et autres ayant moins de cent trente-cinq millimètres (cinq pouces) également entre l'œil et la naissance de la queue ;

3° Et les anguilles ayant moins de soixante-quinze millimètres (deux pouces huit lignes) de tour au milieu du corps.

Dans l'intérieur de la ville de Paris, la pêche est interdite avant l'ouverture et après la fermeture des ports. Cette défense ne concerne pas les bords de la Seine hors barrière.

RÉPUBLIQUE FRANÇAISE

Décret *portant Règlement sur la Pêche fluviale*

Du 10 août 1875.

Le Président de la République française,

Sur le rapport du ministre des travaux publics;
Vu la loi du 14 avril 1829;
Vu la loi du 31 mai 1865;
Vu le décret du 31 janvier 1868;
Le Conseil d'État entendu,

Décrète :

Art. 1. Les époques pendant lesquelles la pêche est interdite en vue de protéger la reproduction du poisson sont fixées comme il suit :

1° De 20 octobre au 31 janvier, est interdite la pêche du saumon, de la truite, de l'ombre chevalier et du lavaret ;

2° Du 15 avril au 15 juin, est interdite la pêche de tous les autres poissons et de l'écrevisse.

Les interdictions prononcées dans les paragraphes précédents s'appliquent à tous les procédés de pêche, même à la ligne flottante tenue à la main.

2. Les préfets peuvent, par des arrêtés rendus après

avoir pris l'avis des conseils généraux, soit pour tout
le département, soit pour certaines parties du départe-
tement, soit pour certains cours d'eau déterminés :

1° Interdire exceptionnellement la pêche de toutes
les espèces de poissons pendant l'une ou l'autre période, lorsque cette interdiction est nécessaire pour
protéger les espèces prédominantes ;

2° Augmenter, pour certains poissons désignés, la
durée desdites périodes, sous la condition que les
périodes ainsi modifiées comprennent la totalité de
l'intervalle de temps fixé par l'art 1ᵉʳ ;

3° Excepter de la seconde période la pêche de l'alose,
de l'anguille, de la lamproie, ainsi que des autres
poissons vivant alternativement dans les eaux douces
et les eaux salées ;

4° Fixer une époque d'interdiction pour la pêche de
la grenouille.

3. Des publications sont faites dans les communes,
dix jours au moins avant le début de chaque période
d'interdiction de la pêche, pour rappeler les dates du
commencement et de la fin de ces périodes.

4. Quiconque, pendant la période d'interdiction,
transporte ou débite des poissons dont la pêche est
prohibée, mais qui proviennent des étangs et réservoirs, est tenu de justifier de l'origine de ces poissons.

5. Les poissons saisis et vendus aux enchères, conformément à l'article 42 de la loi du 15 avril 1829, ne
peuvent pas être exposés de nouveau en vente.

6. La pêche n'est permise que depuis le lever jusqu'au coucher du soleil.

Toutefois, la pêche de l'anguille, de la lamproie et de
l'écrevisse peut être autorisée, après le coucher et
avant le lever du soleil, dans des cours d'eau désignés

et aux heures fixées par des arrêtés préfectoraux rendus après avis des conseils généraux. Ces arrêtés déterminent, pour l'anguille, la lamproie et l'écrevisse, la nature et les dimensions des engins dont l'emploi est autorisé.

7. Le séjour dans l'eau des filets et engins ayant les dimensions réglementaires et destinés à la pêche de tous les poissons non désignés à l'article précédent est permis à toute heure, sous la condition qu'ils ne peuvent être placés et relevés que depuis le lever jusqu'au coucher du soleil.

8. Les dimensions au-dessous desquelles les poissons et écrevisses ne peuvent être pêchés même à la la ligne flottante et doivent être immédiatement rejetés à l'eau sont déterminées comme il suit pour les diverses espèces :

1° Les saumons et anguilles, vingt-cinq centimètres de longueur ;

2° Les truites, ombres chevaliers, ombres communs, carpes, brochets, barbeaux, brêmes, meuniers, muges, aloses, perches, gardons, tanches, lottes, lamproies et lavarets, quatorze centimètres de longueur;

3° Les soles, plies et flets, dix centimètres de longueur.

Les écrevisses à pattes rouges, huit centimètres de longueur; celles à pattes blanches, six centimètres de longueur.

La longueur des poissons ci-dessus mentionnés est mesurée de l'œil à la naissance de la queue ; celle de l'écrevisse, de l'œil à l'extrémité de la queue déployée.

9. Les mailles des filets, mesurées de chaque côté

après leur séjour dans l'eau, et l'espacement des verges des bires, nasses et autres engins employés à la pêche des poissons doivent avoir les dimensions suivantes :

1º Pour les saumons, quarante millimètres au moins ;

2' Pour les grandes espèces autres que le saumon et pour l'écrevisse, vingt-sept millimètres au moins ;

3º Pour les petites espèces, telles que goujons, loches, vérons, ablettes et autres, dix millimètres.

La mesure des mailles et de l'espacement des verges est prise avec une tolérance d'un dixième.

Il est interdit d'employer simultanément, à la pêche, des filets ou engins de catégorie différente.

10. Les préfets peuvent, sur l'avis des conseils généraux, prendre des arrêtés pour réduire les dimensions des mailles des filets et l'espacement des verges des engins employés uniquement à la pêche de l'anguille, de la lamproie et de l'écrevisse. Les filets et engins à mailles ainsi réduites ne peuvent être employés que dans les emplacements déterminés par ces arrêtés.

Les préfets peuvent aussi, sur l'avis des conseils généraux, déterminer les emplacements limités en dehors desquels l'usage des filets à mailles de dix millimètres est permis.

11. Les filets fixes ou mobiles et les engins de toute nature ne peuvent excéder en longueur ni en largeur les deux tiers de la largeur mouillée des cours d'eau, dans les emplacements où on les emploie.

Plusieurs filets ou engins ne peuvent être employés simultanément sur la même rive ou sur deux rives opposées qu'à une distance au moins triple de leur développement.

Lorsqu'un ou plusieurs des engins employés sont

en partie fixes et en partie mobiles, les distances entre les parties fixées à demeure sur la même rive ou
sur les rives opposées doivent être au moins triples
du développement total des parties fixes et mobiles
mesurées bout à bout.

12. Les filets-fixes employés à la pêche doivent être
soulevés par le milieu pendant trente-six heures de
chaque semaine, du samedi, à six heures du soir, au
lundi, à six heures du matin, sur une longueur équi-
valente au dixième de leur développement, et de manière à laisser entre le fond et la ralingue inférieure
un espace libre de cinquante centimètre au moins de
hauteur.

13. Sont prohibés tous les filets traînants, à l'exception du petit épervier jeté à la main et manœuvré par
un seul homme.

Sont réputés traînants tous filets coulés à fond au
moyen de poids et promenés sous l'action d'une force
quelconque.

Est pareillement prohibé l'emploi de lacets ou
collets.

14. Il est interdit d'établir dans les cours d'eau des
appareils ayant pour objet de rassembler le poisson
dans des noues, buires, fossés ou mares dont il ne
pourrait plus sortir, ou de le contraindre à passer par
une issue garnie de piéges.

15. Il est également interdit :

1° D'accoler aux écluses, barrages, chutes naturelles, pertuis, vannages, coursiers d'usines et échelles à
poissons, des nasses, paniers et filets à demeure ;

2° De pêcher avec tout autre engin que la ligne
flottante tenue à la main, dans l'intérieur des écluses,
barrages, pertuis, vannages, coursiers d'usines et pas-

sages ou échelles à poissons, ainsi qu'à une distance
moindre de trente mètres en amont et en aval de ces
ouvrages ;

3° De pêcher à la main, de troubler l'eau et de fouil-
ler au moyen de perches sous les racines ou autres
retraites fréquentées par le poisson ;

4° De se servir d'armes à feu, de poudre de mine,
de dynamite ou de toute autre substance explosive.

16. Les préfets peuvent, après avoir pris l'avis des
conseils généraux, interdire en outre, par des arrêtés
spéciaux, d'autres engins, procédés ou modes de pêche de nature à nuire au repeuplement des cours
d'eau.

Ils déterminent, conformément au paragraphe 6 de
l'article 26 de la loi du 15 avril 1829, les espèces de
poissons avec lesquelles il est interdit d'appâter les
hameçons, nasses, filets ou autres engins.

17. Il est interdit de pêcher dans les parties des rivières, canaux ou cours d'eau dont le niveau serait
accidentellement abaissé, soit pour y opérer des cu-
rages ou travaux quelconques, soit par suite de chô-
mage des usines ou de la navigation.

18. Sur la demande des adjudicataires de la pêche
des cours d'eau et canaux navigables et flottables, et
sur la demande des propriétaires de la pêche des autres cours d'eau et canaux, les préfets peuvent autori-
ser, dans des emplacements déterminés et à des époques qui ne coïncideront pas avec les périodes d'interdiction, des manœuvres d'eau et des pêches extraor-
dinaires pour détruire certaines espèces dans le but
d'en propager d'autres plus précieuses.

19. Des arrêtés préfectoraux, rendus sur les avis des
conseils de salubrité et des ingénieurs, déterminent ;

1° La durée du rouissage du lin et du chanvre dans les cours d'eau et les emplacements où cette opération peut être pratiquée avec le moins d'inconvénient pour le poisson ;

2° Les mesures à observer pour l'évacuation dans les cours d'eau des matières et résidus susceptibles de nuire au poisson et provenant des fabriques et établissements industriels quelconques.

20. Les arrêtés pris par les préfets en vertu des articles 2, 6, 10, 16 et 19 du présent décret ne seront exécutoires qu'après l'approbation du ministre des travaux publics.

A la fin de chaque année, les préfets adressent au même ministre un relevé des autorisations accordées en vertu de l'article 18.

21. Les dispositions du présent décret ne sont applicables ni au lac Léman, ni à la Bidassoa, lesquels restent soumis aux lois et règlements qui les régissent spécialement.

22. Sont abrogés le décret du 25 janvier 1868 et toutes dispositions contraires au présent décret.

23. Le ministre des travaux publics est chargé de l'exécution du présent décret.

Fait à Versailles, le 18 août 1875.

Signé : Maréchal DE MAC-MAHON.

Le ministre des travaux publics,

Signé : E. CAILLAUX.

NOTICE

SUR LES DROITS DE PÊCHE A LA LIGNE FLOTTANTE ET ARRÊTÉS

JUDICIAIRES QUI LES CONSTATENT,

Quelque temps avant 1851, on entendait parler de
fréquents procès-verbaux, dressés par des gardes-
pêche, constatant des délits de pêche à la ligne flottante garnie de plomb. Les délinquants avaient bien
pour eux le texte de la loi ; mais ils étaient loin de
penser à entamer un procès contre les redoutables
fermiers qui avaient les décisions des tribunaux pour
eux, et chaque procès-verbal se résumait en une condamnation à payer une amende de cinq francs que
le pêcheur, ne connaissant pas son droit, se résignait
à payer ; et quelquefois cet infortuné finissait, à force
de persécutions, par se dégoûter de l'une des jouis-
sances les plus paisibles de la vie. Cet état de choses
durait depuis longtemps, et personne ne songeait à
s'y opposer ; car, généralement, le pêcheur à la ligne
n'est pas plaideur. Les fermiers trouvaient tout in-
rêt à ces chicanes ; elles entretenaient la vigilance de
leurs gardes-pêche, et elles les débarrassaient de cette
foule de pêcheurs de toute espèce qui venaient prendre à leur détriment un plaisir gratis que leur ac-
cordait une loi trop libérale suivant eux ; mais ils
comptaient sans M. Moriceau qui s'indigna des mi-

sères que l'on faisait à ses pratiques et se promit de les venger.

Les fermiers, en interprétant la loi en leur faveur (ce que chacun est disposé à faire), jouaient sur les mots; le texte de la loi dit : *Il est permis à tout individu de pêcher à la ligne flottante tenue à la main, dans les fleuves, rivières,* etc. Ils entendaient par ligne flottante une ligne sans aucun lest ou grain de plomb, et par conséquent surnageante.

Peu leur importait que cette manière d'interpréter un mot de la langue française fît le désespoir des pêcheurs à la ligne, car, d'un côté, le seul poisson que l'on pourrait prendre ainsi est très-petit, et sa pêche est interdite; de l'autre, un seul petit grain de plomb après votre ligne vous mettait sous la main de la justice.

Il était temps que la nombreuse et paisible classe des pêcheurs à la ligne trouvât un défenseur.

Et il lui fallait du dévouement, car l'issue d'un procès est toujours chanceuse, et, outre le temps que l'on perd, les avocats vendent très-cher leur verbeuse éloquence.

M. Moriceau écrivit donc au garde-pêche du dix-huitième canton de pêche du département de la Seine (ce qui comprend le parcours de ce fleuve dans Paris) que le 17 février 1851, à neuf heures du matin, il pêcherait à la ligne flottante, garnie de deux plombs n° 4.

Il indiqua précisément le point où il comptait consommer son prétendu délit.

Au jour et à l'heure précisés, M. Moriceau se rendit à l'endroit désigné et se mit à pêcher avec une ligne à flotteur garnie de deux plombs n° 4 et de deux hameçons.

Le brigadier garde-pêche ne manqua pas une si belle occasion, car un délinquant qui a la complaisance de se dénoncer lui-même est chose rare.

Le garde-pêche n'eut, comme on le pense bien, aucune difficulté à dresser son procès-verbal. Il était impossible de se laisser verbaliser avec plus d'aménité que le faisait M. Moriceau. Il constata dans son procès-verbal que le délinquant avait pêché avec une ligne garnie de deux grains de plomb.

Voilà la septième chambre de la police correctionnelle saisie de l'affaire ; les débats eurent lieu et le protecteur de la pêche, vaincu pour cette fois, fut condamné à vingt francs d'amende et cinq francs de dommages-intérêts envers le fermier qui s'était porté partie civile.

Voici le texte de ce jugement en date du 8 mars 1851 :

« Attendu que la loi n'ayant point défini la nature de la ligne flottante, il appartient aux tribunaux de l'apprécier :

« Qu'il est évident que le législateur n'a voulu permettre l'exercice de la pêche à la ligne qu'autant qu'il n'en résulterait aucun préjudice pour l'adjudicataire de la pêche ; qu'ainsi on ne doit entendre par ligne flottante que celle dont l'hameçon reste à la surface de l'eau, sans être entraîné vers le fond de la rivière par un poids quelconque ; que dans l'espèce, la ligne saisie est garnie de deux grains de plomb n° 4 et armée de deux hameçons et ne peut être considérée comme une ligne flottante, par ce motif que l'addition de deux grains de plomb n° 4 devait la faire plonger dans la partie inférieure de la rivière, qu'ainsi la ligne dont s'est servi Moriceau est une ligne prohibée ;

« Condamne Moriceau à 20 fr. d'amende et à 5 fr. à titre de dommages-intérêts. »

Mais, de même que ce général romain qui, après une défaite, reçut les éloges du peuple et du sénat, parce qu'il n'avait point désespéré du salut de la patrie, M. Moriceau, certain de son bon droit et encouragé par la sympathie du public, ne se tint pas pour battu, et il interjeta appel de cette décision.

Me Nogent Saint-Laurent, son habile défenseur, attaqua le jugement rendu : « Le jugement, a-t-il dit, déclare qu'on ne doit entendre par ligne flottante que la ligne dont l'hameçon reste à la surface de l'eau sans être entraîné vers le fond de la rivière par un poids quelconque. Mais c'est là une confusion entre la ligne volante et la ligne flottante.

« La ligne volante amorcée avec des mouches artificielles est une ligne d'une disposition spéciale, et qui reste, en effet, à la surface de l'eau ; on s'en sert uniquement dans les eaux limpides et solitaires que la navigation n'a jamais bouleversées, et qui sont habitées par deux espèces de poissons, le chevenne ou meunier et la truite. Ces poissons viennent toujours chercher leur pâture à la surface de l'eau, et c'est pour cela que la ligne avec laquelle on les prend ne plonge pas.

« Mais la ligne flottante a toujours plongé dans l'eau ; s'il en était autrement, on ne prendrait presque aucun poisson, si ce n'est de très-petit, qu'il est défendu de prendre.

« Le jugement encore semble assimiler la ligne flottante qui plonge à la ligne dormante ou ligne de fond, qui est prohibée. Il suffit de connaître ce qu'est une ligne de fond pour savoir que toute assimilation est

impossible. Une ligne de fond... figurez-vous une
traînée d'hameçons, plus ou moins longue, fixés à un
fil extrêmement long. L'immersion s'opère à l'aide
d'une pierre ou d'un plomb fort lourd, attaché à l'extrémité de ce fil et qui l'entraîne au fond de la rivière ;
on fixe l'autre extrémité du fil à un roseau ou tronc
d'arbre, et cette sorte de ligne, ordinairement tendue
le soir, n'est relevée que le matin. On comprend comment le séjour prolongé de cette ligne au fond de
l'eau, l'immobilité et la multiplicité des amorces,
sont des moyens de destruction. Telle est la ligne prohibée, la ligne de fond proprement dite.

« Enfin, disait en terminant M⁰ Nogent Saint-Laurent, nous demandons à la cour de déclarer *ligne flottante* une ligne qui *flotte ;* il est impossible de former
une demande plus simple et plus naïve. »

M⁰ Nougier, avocat du fermier de la pêche, le sieur
Louis Fabrège, soutenait, au contraire, le bien-fondé
du jugement, dont il demandait à la cour la confir-
mation.

M⁰ Saillard, avocat général, sans s'opposer à l'infir-
mation du jugement, en raison de la flottaison de la
ligne de M. Moriceau, constatée par le procès-verbal,
a combattu néanmoins le système de la défense, en
ce qu'il consacrait un principe trop absolu sur la pêche à la *ligne flottante.*

Cette contestation, qui tenait en émoi la nombreuse
famille des pêcheurs, fut enfin terminée en leur faveur
par l'arrêt du 20 mai 1851, que nous donnons ici *in
extenso.*

ARRÊT

CONCERNANT LES DROITS DE PÊCHE A LA LIGNE FLOTTANTE.

« Considérant qu'aux termes de l'art. 5, alinéa 2, de la loi du 15 août 1829 sur la pêche fluviale, il a été permis à tout individu de pêcher à la ligne flottante tenue à la main, dans les fleuves, rivières, canaux et autres fossés navigables ou flottables dont l'entretien est à la charge de l'État ou de ses ayant scause ;

« Que cet article n'a fait que reproduire en cette partie les dispositions des anciennes ordonnances et des lois et arrêtés qui permettaient l'usage de la ligne flottante tenue à la main ;

« Qu'en droit et en l'absence de toute définition légale de la ligne flottante, les tribunaux doivent se décider par le sens naturel des mots employés par le législateur, par le sens donné à ces mots par un usage constant, et par les conséquences du sens adopté, qui doivent être en harmonie avec l'esprit général des lois sur la pêche :

« Considérant que, dans leur sens naturel, les mots de *ligne flottante* indiquent une ligne que le mouvement seul de l'eau rend mobile et fugitive et qu'il faut que le pêcheur ramène sans cesse à lui ; qu'un usage constant a consacré cette interprétation ;

« Qu'il n'est résulté de l'usage de la ligne flottante ainsi définie aucune conséquence de nature à faire croire que l'intention du législateur a été de la prohiber, soit dans un intérêt d'ordre public, soit dans l'intérêt des fermiers de la pêche, lorsqu'elle serait garnie de quelques plombs ajustés au poids de l'hameçon pour le maintenir perpendiculaire au liége ou flotteur indicateur, à une profondeur déterminée ;

« Qu'il suffit, pour que la ligne ne cesse pas d'être flottante, qu'elle soit soumise au mouvement du flot et du courant de l'eau, et, par conséquent, que l'appât ne repose pas au fond et n'y reste pas immobile ;

« Que la loi exige seulement que le pêcheur tienne à la main la canne destinée à rejeter la ligne en amont toutes les fois que le courant la fait flotter en aval à une trop grande distance ; que décider qu'une ligne n'est flottante que lorsqu'elle ne flotte qu'à la superficie de l'eau par le seul poids de l'hameçon, serait donner un sens restrictif aux expressions de l'art. 5 ci-dessus et rendre illusoire la permission de pêche à la ligne flottante résultant dudit article ;

Que les fermiers ne seraient pas fondés à se plaindre du préjudice qu'ils pourraient en éprouver, puisqu'il ne s'agit que de l'application d'une disposition légale qu'ils n'ont pas pu ignorer, et qu'ils se sont soumis dès lors à cette condition en se rendant adjudicataires de la pêche ;

« Considérant, en fait, que le 17 février dernier Moriceau a été trouvé pêchant à la ligne tenue à la main, dans le dix-huitième canton de la pêche sur la rivière de la Seine ;

« Que s'il résulte du procès-verbal régulièrement dressé ledit jour, et des aveux même de Moriceau, que la ligne avec laquelle il pêchait était armée de deux hameçons et garnie de deux grains de plombs n° 4, destinés à faire plonger la ligne dans la partie inférieure de la rivière, ce poids ne pouvait suffire pour empêcher la ligne de flotter dans le courant et que le contraire n'est pas même allégué ;

« Que dès lors, et par les motifs ci-dessus détruits, la ligne dont s'est servi Moriceau, devant être considérée comme flottante, la prévention n'est pas établie ;

« Met l'appellation et le jugement dont est appel au néant ; émendant, décharge Moriceau des condamnations contre lui prononcées ; au principal, le renvoie des fins de la poursuite, condamne l'administration forestière et Louis Fabrège, partie civile, aux frais de première instance et d'appel. »

FIN.

TABLE DES CHAPITRES

DU TRAITÉ DE LA PÊCHE.

TABLE ALPHABÉTIQUE

DE LA PÈCHE A LA LIGNE ET AUX FILETS

DANS LES RIVIÈRES ET LES ÉTANGS.

FIN.

1751-62 — CORBEIL. Typ. et stér. CRÉTÉ.

COLLECTION DE LIVRES UTILES

FORMAT IN-12

LA CUISINIÈRE DES MÉNAGES, ou Manuel pratique de cuisine et d'économie domestique pour la ville et pour la campagne, contenant l'art de découper, le service de table, les devoirs d'une maitresse de maison, du menu gras et maigre pour toutes les saisons; un traité de la cave et des maladies des vins, et un grand nombre de recettes d'économie domestique, par Mme Rosalie Blanquet; ouvrage orné de 217 figures............ 3 »

LA CUISINIÈRE MODÈLE, ou l'Art de faire une bonne cuisine avec économie, par Mme E. H. Gabrielle, orné d'une grande quantité de figures. 2 »

LE DROIT MIS EN PRATIQUE. Nouveau formulaire des actes sous seing privé, précédé des règles générales sur la formation et les effets des contrats et obligations conventionnels, par L. Tripier................. 3 »

LE JARDINIER PRATIQUE, ou le Guide des amateurs dans la culture des plantes utiles et agréables, contenant les jardins potager, fruitier et d'agrément, augmenté de la composition des jardins et de la culture des plantes de serre et d'appartement, par M. Rousselon. Un très-gros volume illustré de 150 figures dans le texte .... 3 »

NOUVEAU LIVRE DE COMPLIMENTS pour le jour de l'an et les fêtes, en vers et en prose, par divers auteurs. Nouvelle édition, entièrement refondue et considérablement augmentée par Mlle Zoé Fleurentin............ 1 50

LIVRE DE LA MÉNAGÈRE, contenant des recettes d'économie domestique, conserves, liqueurs, confitures, nettoyage des couverts, dégraissage des étoffes, les devoirs d'une maitresse de maison, le service de la table, la pâtisserie, etc., etc., par Mme Rosalie Blanquet, auteur de la *Cuisinière des ménages*... 2 50

MANUEL DU CAPITALISTE, ou Comptes faits des intérêts à tous les taux, pour toutes les sommes et pour tous les jours de l'année, par Bonnet. Nouvelle édition, augmentée d'une notice sur les comptes d'intérêts, et leur établissement dans les maisons de banque, par Malescot.......... 3 50

NOUVEAU LANGAGE DES FLEURS, par Mlle Emma Faucon, orné de neuf bouquets en chromo et d'un grand nombre de vignettes...... 2 50

LE SECRÉTAIRE DE TOUT LE MONDE, ou la Correspondance usuelle, par Hocquart. Édition entièrement refondue et augmentée de formules à l'usage des maires, adjoints, gardes, etc........................... 2 »

TABLEAU DES MONNAIES D'OR ET D'ARGENT des principaux États du monde, avec des figures représentatives; leur valeur en francs, leur titre et des instructions sur le système monétaire et les monnaies de compte de chaque pays, contenant trente planches de monnaies imprimées en or et en argent, couverture en papier glacé imprimé or et argent.......... 3 50

LA TENUE DES LIVRES pratique, contenant la manière de passer toutes les opérations du commerce et de la Banque en partie simple et en partie double, par J. L. et Hocquart. Nouvelle édition, augmentée d'un Extrait du Code de Commerce et d'un Traité de droit commercial, par Malescot, teneur de livres-expert.. 2 50

TRAITÉ DE LA CHASSE, contenant la chasse à l'affût, à tir et à courre, augmenté de la loi et des ordonnances nouvelles, par A. René et C. Lierssel, orné d'un grand nombre de figures dans le texte.................. 2 »

TRAITÉ DE LA PÊCHE à la ligne et au filet dans les rivières et dans les étangs, augmenté de la loi et des ordonnances nouvelles, par A. René et C. Lierssel, orné d'un grand nombre de figures dans le texte .... 2 »

LE VÉTÉRINAIRE PRATIQUE, traitant de l'hygiène et des soins à donner aux chevaux, à l'étable, à la bergerie, à la porcherie, à la basse-cour, au colombier, aux ruches, par E. Hocquart, avec quatre planches gravées sur acier et une grande quantité de figures dans le texte.............. 2 50

www.ingramcontent.com/pod-product-compliance
Lightning Source LLC
Chambersburg PA
CBHW070513200326
41519CB00013B/2793